大学入試問題集

関正生の 英文解釈

ポラリス ✦ POLARIS 2

発展レベル

関正生 著

はじめに

「ポラリス」とは？

北極星は常にその位置を変えず、1年を通して光り輝きます。昔の旅人にとっては、方角を知るための大切な道標（みちしるべ）でした。
「英文解釈」というものが一体何なのかを教えてもらえないまま、ただ「大事だからやりましょう」としか言われず、何をどうしていいかわからない高校生・受験生がきっとたくさんいるはずです。
そういった人にどこへ進むべきかを教えてくれる、旅人の道を照らし出す北極星のような存在になればという願いを込めて、「北極星」という意味の「ポラリス（Polaris）」がこの本の書名に使われています。

先人が書物として残した言葉はもちろん、今現在、世界の最先端をリードする人物が活字にした鋭い言葉を“極めて正確に”理解するための力を、この『英文解釈ポラリス』で養成していきましょう。

想定読者とシリーズ2冊のレベル

英文解釈の位置づけとしては「文法以上、長文未満」と言えるので、「文法→解釈→長文」という流れが理想です。特に以下のような思いを1つでも抱えている人が本書に向いています。

①英文法の知識を長文でどう活用するのかわからない……
②いきなり長文をやるのが不安……
③長文ではいつも「なんとなくわかったような」感じ……

また、『英文解釈ポラリス』はシリーズ2冊で構成されています。
レベル1から取り組むことをオススメしますが、品詞や句・節などをしっかり理解できていれば（いきなり難しい演習に取り組めそうなら）レベル2から入ってもOKです。

レベル1　標準〜応用レベル
最初は句・節の基本から解説。標準レベル（日東駒専レベル）の英文から入り、メインとしてはGMARCH・国公立大（旧帝大を除く）レベルの英文を正しく読める力を養成していきます。

レベル2　発展レベル
文法・品詞の知識は当然のものとして、ある程度ランダムに英文に取り組んでいきます。基本の確認としてGMARCH・国公立大レベルの英文も含まれていますが、メインとしては早慶上智・旧帝大などの超難関国立大レベルの英文を正しく読める力を養成していきます。

謝辞
この本が読者に届くまでに関わってくださったすべての皆様に感謝いたします。特に、株式会社KADOKAWAの原賢太郎さんとは、企画会議の段階から色々と意見を交わし、「英文解釈とは一体何なのか？」「意訳とは何なのか？」など、読者を代弁した疑問を挙げていただき、本書の根幹とすることができました。
また、『ポラリス』シリーズを最初にプロデュースしてくださった細田朋幸さん、僕の初めての出版をご担当くださり、今回もご尽力いただいた西山久美子さんにも感謝しております。
そして、こうして第6弾までくることができた『ポラリス』シリーズを使ってくれた高校生・受験生にも感謝いたします。本当にどうもありがとうございました。今この本を手にしているみなさん自身が、この本で強固な英語力をつけて、最後は志望校に受かることを祈り、確信もしております。僕自身、高3の始めに出合った「英文解釈の考え方」に強烈な感動を覚え、そこから英語を読む力が強靭なものになりました。みなさんも同じ体験ができるように本書を書きました。頑張ってくださいね。

関　正生

本書の特長

「最新入試」に対応した英文解釈本

「難関大が複雑難解な構文ばかりを出す」というのはもはや過去の話です。本書で今の難関大入試に必要とされる基準を示していきます。過去の出題に囚われず、本書オリジナルの書下ろし英文も採用することで、今後を見据えた問題を選定し、学習効果の最大化をはかっています。

受験生が求める無駄のない解説

膨大な数の受験生を教えてきた経験値に基づいて、受験生にとって絶妙なラインの解説を施していきます。

また、採用した英文自体も極力短くしました。「なんとなく文脈からわかる」ことを避け、より短い英文に要点が凝縮されるようにしました。

方針・用語・表記の統一

英文の構造解析には品詞別のカッコを多用しますが、本・著者ごとにカッコがバラバラです。たとえば英文解釈の本では名詞節に[　　]を使っていたのに、次に取り組んだ本では<　　>を使っていて、その後の長文の本では(　　)なんてことがよくあります。

しかし『ポラリスシリーズ』（解釈編だけでなく長文編4冊すべて）はもちろんのこと、僕の著作は（出版社の垣根を越えて）カッコの使い方はすべて統一されています。さらにはカッコだけでなく、説明の仕方・用語の表記などもすべて同じ方針なので、無駄なことで戸惑うことなく、何よりも学習の「相乗効果」が期待できます。

英文解釈の「出口」を明確に示す

英文解釈の勉強では、なんとなく和訳例を見て「まあ、自分の訳も似てるかな」で済ませがちですが、本書では「考え方」と「どこをチェックするのか？」を明確に示すことで、この本で得られる力をハッキリと自覚でき、学習効率が高められます。

本書の使い方

英文にトライ

Chapter 0を読んだ後は、英文に取り組みます（別冊2ページから）。普通に読んでいけばOKですが、本書は「英文を正しく読める」力を養うわけですから、まずは構造把握（SVを把握する・文型を考えるなど）を意識してください。

試行錯誤しよう

英文は何度も読み直してOKです。そして、必ず和訳を書いてください。実際に書こうとすることで、細かいところでつまずいたり、自然な日本語にすることに苦労したりして、自分の弱点・課題が浮かび上がり、解説を読むときの吸収力が格段に上がります。

語句の確認

もし知らない単語が出てきたら、何度も英文を読んで、「構造を把握した後に」「どうしても知りたい単語の意味から」辞書で確認してからリトライするのもいいでしょう。特にこだわらなければ（学校の授業の予習ではないので）無理に調べずに解説に進んでOKです。

解説を熟読→音読へ

解説は「考え方」も入れているので、しっかり読み込んでください（本編21ページから）。その後に仕上げとして、英文を音読してください。本書自体は好きなペースで進めてOKですが、音読をきちんとこなせるペースがいいでしょう（音読の詳しい方法は14ページ）。

【指導者の方へ】

昔の大学受験は同じ英文が何度も出ることがあり（つまり古い英文が使いまわされる）、難解な構造の英文がよく出たものです。しかし今は違います。今の入試では「前年に発表された英文が出る」ことがもはや当たり前となっています。たとえば2020年に世界中に広まった新型コロナウイルスに関する話題は、2021年2月の入試でいくつもの大学が出題したのです。
このように確実に入試は変わっているにもかかわらず、「難しすぎる英文・古いことを話題にした英文」ばかりが世にはびこっています。昔の英文でも良いものは含めるべきでしょうが(本書でも採用していますが、最新入試と照らし合わせてもまったく無駄がない英文だけを選んでいます)、もはや入試にあまり出ない構文や古い内容ばかりの教材を使っている多くの受験生が「英文解釈って古くない？」「本当にこれ必要なの？」と思うのも無理はありません。
もちろん古い英文が出ることもあり、極端な例を挙げれば2023年の早稲田（国際教養学部）では100年以上前の英文が出ました。しかしそういった局所的なことに囚われず、今の入試の大きな流れを掴み、最新の英文に対応できる英語力を身につけることが本書の役目です。その早稲田の入試では、そもそも「新しい英文」も出ているのです。
それと同時に、本書を見たときに「採用している英文がトップレベルにしては少し簡単では？」と感じるかもしれませんが、ぜひ最新の早慶などの英文をご覧になって、正しい情報・適切なレベルを受験生に伝えてあげてください。語彙レベルは上がっていますが、文構造自体は難しくないのです。この本が有効な指針になると思います。

CONTENTS

Chapter 10 訳文の研磨

本文デザイン／ワーク・ワンダース
イラスト／けーしん

Chapter

0

英文解釈の心構え

「英文解釈とは一体何なのか、どう考えるべきか、どう復習するのか」などは本書の姉妹編『英文解釈ポラリス 1』の Chapter 0 で詳細に解説したのですが、ここでその要点を確認しておきましょう。

英文解釈の「入口と出口」

英文解釈の正体とメリット

「英文解釈とは一体何なのか？」がハッキリ説明される機会はあまりないと思いますが、僕の考えでは「英文法・品詞・文型を解析しながら英文の意味を正確に掴むこと」となります。**「“英文を読むときのネイティブの頭の働かせ方”を頭の中にインストールする作業」**と言うこともできます。

きちんと英文解釈に取り組むことで「正確で緻密な読解力がつく」ことはもちろん、左から右にスムーズに読めるようになる（返り読みしなくなる）ことで英文処理スピードが格段に上がります。英文解釈は決して和訳問題のためだけにやるわけではありません。長文読解力を磨く効率的な方法なのです。

英文解釈の「入口（取り組み方）」

英文解釈は「英文の構造を理解すること」が目的なので、**英文を読むときは「まずは構造」を意識**してください。具体的には、「品詞を意識」→「SVの発見」→「文型を判断」という流れです。

英文を訳すときは、間違っても「英文を訳して、その日本語を読んで文意を理解する」のではなく、「英文が伝える意味を掴んで、それを表す日本語を選択する」イメージです。英文を読んだ時点で、どんな意味なのかを理解できる力を本書で鍛えていきます。

▶「和訳」での心構え

①理解：英文の意味を（日本語にする前に）しっかり理解する
②直訳：文構造をきちんと反映させる
③意訳：文意をより正確に伝えるために日本語訳を改善する

英文解釈の「出口(解説の読み方と復習のやり方)」

※ここは「問題(別冊に収録)に取り組んだ後」に読んでもOKです。

英文解釈の勉強では、自分の和訳と和訳例を照らし合わせて「なんとなく言っていることが同じだから、これでいいかな」と判断しがちですが、大事なことは**「英文を見たときの考え方・構造分析の仕方」を確認する**ことです。和訳はオマケにすぎません。考え方がしっかりしていれば、正しい和訳は必然的に導かれるのです(もちろん単語を知っていることが前提ですが)。以下の3つの視点からチェックするようにしてください。

▶解説を読むときにチェックすべきこと

①英文を見たときの「考え方」が合っていたか?
②英文の「構造分析(品詞やカッコのつけ方)」が合っていたか?
③和訳で「文構造」が反映されているか、「内容」が合っているか、日本語として「自然」か?

どんなに和訳例と似ていても、「考え方」と「構造分析」が合っていないとそれはただの偶然なので(つまり実力がつかないので)注意してください。

「英語に触れる量を倍にする」カンタンな方法

英語の勉強は必ず「英語に始まり、英語に終わる」ようにしてください。ほぼすべての高校生が解説を読み終えると次の問題にいってしまいます。その時点ではまだ「理解」しただけで、「定着」はしていません。中には「和訳を読んで"日本語で理解しただけ"」という人もいます。

言うまでもなく「英文そのものを理解」しないと英語力はつきません。ですから**「英文→解説と和訳→(もう一度)英文」というサイクル**で進めてください。これで普通の「2倍」英語に触れられます。

※もし「今日から英語に触れる量を2倍に増やせ」と言われてもツラいでしょうが、こんな心がけでカンタンに実現できるのです。

音読の「回数」と「効果」

英文解釈・長文の復習に効果的なのが「音読」です。その日の勉強の最後に何度も音読して脳に染み込ませてください。1つの英文を30回（できれば50回）音読したいところです。

※これくらいの数字は早慶以上を目指すなら普通です。10回で伸びる生徒もいますが、確実にするために30回はやってほしいと思います。

▶復習の流れ

（1）問題に取り組んだ当日：
　①解説・和訳の確認の後は「英文で終える」　※その場でやる復習
　②その日の復習として音読５回
（2）後日：英文の音読を25回　※１日で25回読む必要はない

音読自体は色々なところで勧められると思いますが、**「実は音読には“英語を英語のまま処理できる力”を養う効果がある」**ということまでは語られないかもしれません。最初のうちは「いちいち日本語に置き換えてから理解する」状態ですが、音読して英文を脳に染み込ませることで「（日本語に置き換えずに）英語のまま理解できるようになる」のです。今までやっていた「日本語に訳す＋日本語で内容を把握する」時間がすべてカットされ、英文を目で見ながら内容・意味がどんどん頭に浮かぶようになります。もちろん返り読みもなくなり、左から右に英文をス～っと読めるようになります。当然、英文を読むスピードが劇的に上がります（はっきり言ってこれ、感動モノですよ）。

ただし、時間がかかることは覚悟してください。目安として、毎日30分音読に使ったとして、効果が出るのに3ヵ月くらいかかるのが普通です。もちろんそれだけの時間をかける価値は十分にあります（というより、そんなすごい状態が3ヵ月で可能になるなんて奇跡だと思います）。

音読の「具体的な方法」

音読の際、意味を理解しないまま字面だけ追っても効果はありません。「音読やっても成績上がらなかった」と漏らす人はおそらく次のことを意識していないからだと思います。

①最初の10回：文法・構文を意識する／ゆっくりでOK

まずは構文を意識しながらじっくりと10回読んでください（もちろん当日は5回でOK）。この時点では、日本語訳を確認しながら、スピードも気にしないで大丈夫です。

②次の10回：内容を意識する／自分のスピードでOK

英文を読みながら「意味・内容が浮かぶように」10回音読してください。これをこなすうちに「日本語を介さずに英文を理解できる」状態になっていきます。「英語のまま理解できる（英文を読んだ瞬間に内容が浮かぶ・画像として浮かぶ）」ことがゴールです。内容優先なので「自分で理解できるスピード」でOKです。

③最後の10回：内容にリアクションをとる／スピードを意識する

意味が浮かぶようになったら、英文の内容にリアクションをとってみてください。内容に対して賛成ならうなずいたり、笑ったり、反対なら顔をしかめたり……英文の内容に対してリアクションをとることで、理解度はさらに上がります。また、何度も読んでいるので、飽きを防止する役割もあります。
さらに、スピードも意識してください。「自分が本番で読むときの理想のスピード」を目標に、自分が理解できる範囲でのマックスのスピードを徐々に更新していくイメージです（ただし絶対に「理解」優先です。理解を伴わない音読は意味がないので）。

ちなみに黙読は禁止ですが、大きな声を出す必要もありません。まず、黙読だと難しい箇所を無意識のうちに飛ばすことがあるので、声を出す必要があります。さらにそれによって適切な区切りで息継ぎするようになり、より自然な読み方が身につきます。その意味での黙読禁止なので、「大きい声」に意味はありません。この「ボソボソ音読」なら少し騒々しいカフェ・電車やバスの中でも（隣に人がいなければ）できますよ。

「品詞」と「本書で使う記号」について

品詞名は3つの段階で考える

本書は文法・品詞・文型を理解していることが前提になりますが、従来の説明ではごちゃごちゃになっている品詞と文型については、以下の『英文解釈ポラリス』オリジナルのまとめ方（3つの段階に分ける）で整理してみてください。

▶ **フェイズ1　単語・文法レベル**

単語レベルの10品詞：**名詞**・**形容詞**・**副詞**・前置詞・接続詞・**動詞**など
文法レベルの5品詞：疑問詞・関係詞・不定詞・動名詞・分詞

⬇

▶ **フェイズ2　句・節レベル**

カタマリでの解釈レベルの4大品詞：**名詞**・**形容詞**・**副詞**・**動詞**

⬇

▶ **フェイズ3　文型把握レベル**

文型レベルの5つの型：SV・SVC・SVO・SVOO・SVOC

ここで注意すべきは「フェイズが違うのに"同じ用語"がある」ということです。これが英文解釈を難しく思わせる要因です。以下の2点に注意してみてください。

- □表の**太字**：フェイズ2の4つの品詞（名詞・形容詞・副詞・動詞）は、すべてフェイズ1でも使われる。
- □表の赤字：「動詞」という用語は3つのフェイズすべてで使われる（フェイズ3のときだけ"V（ヴイ）"と呼ばれることもある）。

従来の品詞の説明では上記の2点に触れず、さらには「文法レベルの5品詞に触れない」「いつの間にか文型の説明に入っている（フェイズを分けない）」ので混乱する人が出るわけです。たくさん読んでいるうちにわかるようになる人もいる一方で、わからないままうやむやにされてしまった人も多いのです。以下、The patient waited quietly until his name was called. という文で考えてみましょう。

▶フェイズ1

The	patient	waited	quietly	until	his	name	was	called.
冠詞	名詞	動詞	副詞	接続詞	代名詞	名詞	動詞	動詞の過去分詞

⬇

▶フェイズ2

The patient	waited	quietly	until his name was called.
名詞句	動詞	副詞	副詞節

⬇

▶フェイズ3

<The patient>	waited	(quietly)	(until his name was called).
S	V	M	M

和訳：その患者は名前を呼ばれるまで静かに待ちました。

▶本書で使うカッコなどの記号

<名詞>　※名詞は重要なので目立つ<とんがりかっこ>

[形容詞]　※英語の辞書で、A[B]と表記する場合、AとBが対等・交換可能なことを表します。本書でも[しかくかっこ]をつけて、the boy [who is tall] と表記することで、the boyとwho is tallが同じこと（たとえば“人 [人物紹介]”のようなイメージ）を表すと直感的にわかるように[しかくかっこ]を使います。

(副詞)　※副詞は「なくてもかまわない要素」なので(まるかっこ)

▶その他の文構造での表記

動詞 → 下線を引きます。

相関表現 → 　　～　　

等位接続詞 → and のように点線の枠で囲みます。

従属接続詞 → when のように枠で囲みます。

※接続詞は構文解析上、特に重要なので普段から意識する習慣をつけるために枠で示しました。

{　　} → 省略可能なものを示します。　例：I think {that} he is rich.

φという記号 →「関係代名詞の目的格が省略されているとき」と「関係代名詞whatで目的語が欠けているとき」に、本来その「目的語」がある部分にφを示します。

※主格の関係代名詞で主語が欠けているときや、補語が欠けているときにはφは入れません（欠けていることが明らかなので）。

▶動詞の考え方（長いVについて）

“to不定詞”がOになる場合は「前の動詞とセット」で考えるようにします。たとえば、I want to study French.「私はフランス語を勉強したい」という文は、厳密に考えれば、to study Frenchはwantの O になります。

> I want <to study French>.
> S　V　O　(v)　(o)　　※ (v)(o)は「O の中」での構造

しかしこの発想だと「さらにOの中に他動詞studyと目的語Frenchがある」と考える必要があるので面倒です。不定詞を初めて習うときにはこの分析が必要ですが、英文解釈の段階になれば「want to 原形 を1つの“動詞のカタマリ”とみなす」ほうが便利です。今後は以下のように表記することが増えます（want toのように頻繁に見かける形は「1つのV」として扱い、to以外の目的語をとることも多い動詞はケースバイケースで考えます）。

> I want to study French.
> S　V　O

Chapter

1

重要構文の再構築

今までに何度も出てきた重要構文であっても、「難関大で求められる基準を満たしている」という受験生は少ないものです。「わかったつもり」の重要表現をここで新たに捉え直していきます。

THEME 1

強調構文（基本形）

設問 次の英文を訳しましょう。

ふさぎ込んでうまく気持ちを表現できない少年Rickyが、積み木をひたすら積み上げてタワーを建てた後、ビデオゲームの大会で勝利する。そういった様子を観察していた学者のコメント。

It is not building with blocks but the world of video games that ultimately provides Ricky with the means by which to express and to discover himself.

（成蹊大学／文）

解説

テーマ 強調構文は「対比」が前提／前置詞＋関係代名詞＋to不定詞

強調構文の説明は「強調したい語句をIt is ～ thatで挟む」「It isとthatを取り払って完全な文になれば強調構文だとわかる」だけになりがちです。でもこれでは長文問題で自分から積極的に「強調構文ではないか？」と考えられるようにはなりませんよね。

大事なことは、**強調構文の基本形（It is not A but B that ～「～なのは決してAではなく、実はBなんだ」）を意識する**ことです。強調されるもの（It isとthatで挟まれるもの）は、not A but B「AではなくてBだ」が基本となります。強調構文は2つを比べた結果、片方を強調するので、**常に「対比が前提となる」**のです。まずはこの形に反応できるようになってください（応用は次項で解説します）。

余談ですが、「It is 副詞 that ... の形は強調構文」はある程度知られています。しかしその説明はあっても「対比」の説明が抜けていることがほとんどです。
そこを突いたのが、かつての上智の正誤問題で、It was of course that ～ という文が「正しくない」と判断させる問題が出ました。
上智を受ける受験生なら、当然「It is 副詞 that... の形は強調構文」というルールを知っているだけに、副詞扱いされるof courseを見て、どう見てもその英文が正しいと判断せざるをえなかったのです。確かに形だけを見れば正しい強調構文ですが、そもそもof courseは「対比」では使われません。not A but BのAやBにof courseが入る形は想像がつきませんよね。よって、of courseを強調する強調構文は不自然だと判断すべき問題でした。

＊＊＊

「前置詞＋関係代名詞＋to不定詞」という形があります。普段、「前置詞＋関係代名詞」の後ろにはsvが続くはずですが、まれに「to不定詞」がくることもあります。ただしこれは前置詞＋関係代名詞の後のs＋be動詞が省略されただけで、たとえばin which {she is} to ～ のような形にすぎません（be to構文だったのです)。前置詞＋関係代名詞の後で省略が起きてはいますが、英文を左から読んでいる(聞いている)限り、**前置詞＋関係代名詞が出てきた時点で「形容詞節が始まる」と認識する**わけですから、その後の形がどうなろうが(省略が起きようが)形容詞のカタマリだということに変わりはありません。

※省略される「主語＋be」は、「主節と同じ主語」の場合もあれば、「一般の人を表す場合」などもありますが、文脈でわかるので気にしなくて大丈夫です。

解析

It is not <building with blocks but the world of video games> that (S)
(ultimately) provides (V) Ricky (O) (with the means [by which to express and to discover himself]).

指針

It is not buildingを見たら？

この時点で強調構文を予想します。その後、It is not building with blocks but the world of video games thatまで見た時点で、**It is not A but B that ～ の形なので強調構文(の基本形)**だと判断します。

It isとthatを取り払ってみる

ダメ押しの確認として、It isとthatを取り払うと、not A but Bの部分がSで、that以降がprovides 人 with 物 という形になっています。**It isとthatを取り払っても文が成立するので、間違いなく強調構文**だとわかります。

※このように、この「It isとthatを取り払う」のは強調構文だと気づいてからの「確認」に使うのです。

強調構文の訳し方

「強調構文」と呼ばれるからには「和訳でもきちんと強調すべき」で、It isとthatで挟まれるものがnotの場合は「決して(～でない)」、それ以外なら「実は」などの**強調する言葉を足す**といいでしょう(和訳例でカッコ内にある表現)。わざとらしくなることも多いのですが、これを意識すると、英文の意図がより鮮明になり、入試の和訳問題でも「強調構文を見抜けたよ」という採点官へのアピールになるので、よほど不自然にならない限りは答案には強調する言葉を書いたほうが無難です。

by which toを見たら？

前置詞＋関係代名詞＋to不定詞の形なので、形容詞節と考えて直前のthe means「手段」を修飾すればOKです。2つのto不定詞をandが結んで、to expressとto discoverの共通の目的語がhimselfです。

和訳例

直訳：最終的にはリッキーに、自分を表現して発見する手段を与えているのは、（決して）ブロックを積み上げることではなく、（実は）ビデオゲームの世界なのである。

意訳：突き詰めると、リッキーが自分自身を表現して発見する手段を手にするのは、（決して）積木ではなく、（実は）ビデオゲームの世界のおかげなのである。

※S provides 人 with 物「Sが人に物を与える」を、意訳では「Sによって（Sのおかげで）、人は物を手にする」としました。

語句 ultimately「最終的に」、means「手段」

チェックポイント

- ☑ It is not A but B that 〜 は強調構文の基本形　◎ △ ×
- ☑ 前置詞＋関係代名詞＋to不定詞は前の名詞を修飾する　◎ △ ×

THEME 2

強調構文（変形）

設問 次の英文の下線部を訳しましょう。

動物の保護・権利についての話。

I emphasize: It is not the wearing of furs that is our chief concern here, or hunting for sport, or even the eating of meat. It is the use of animals in medical research, above all other uses, that compels us to think carefully about the moral status of animals.

（東京大学／後期）

解説

テーマ　強調構文の頻出・即断パターンを押さえる

強調構文の基本形（It is not A but B that 〜）は変形して使われることがよくあります。not Aかbut Bのうち、not Aを強調するときはbut Bを後ろに移動して、It is not A that 〜, but B. という形にします。ここからbutの前で文を区切ると、もはや接続詞butは不要となり、**It is not A that 〜. B（肯定文）.** という形になります。
また、but Bを強調するときはnot Aを前か後ろに飛ばします。**... not A. It is B that 〜.「Aではない。〜なのはBだ」**や、**It is B that 〜 , not A.「〜なのはBだ、Aではない」**となります（not Aが移動するので、いきなりbutが出てきたら意味不明なため、butは消えます）。
※みなさんは、いきなりこの形（It is B that 〜）から教えられたのだと思います。

▶強調構文の即断パターン　(1) 対比系

☑ It is not A that 〜.　「〜なのは決してAではない」
※not A以外に、not only A・not so much Aなどでも同様に強調構文を考える
☑ It is B rather than A that 〜.「〜なのは、実はAというよりむしろBだ」
☑ It is B as well as A that 〜.　「〜なのは、実はAだけでなくBもだ」

このパターンを見たら「強調構文ではないか？」と疑ってください。そして後ろにthatを探せばOKです。さらに、誰もが習う「It isとthatをとって完全な文なら強調構文」という方法を使えば強調構文だと確信を得ることができます。
※当然ながら“It is not 形容詞 [p.p.] that ...”の場合は強調構文ではありません（強調構文は形容詞を強調しないので）。これは単なる「仮主語構文」です。

さらに強調構文の即断パターンの2つめは「限定・強調」の語句を使ったものです。これはIt is B that 〜 という形から、**ついBを強めてしまう結果、何かしらの強調語句（onlyなど）がつく**ことがよくあるので、それをパターン化したものです。これも「It is only 〜 を見たらthatを探す。それはかなりの確率で強調構文になる！」という発想です。

▶ **強調構文の即断パターン　(2) 限定・強調系**

☑ It is only B that ～.	「～なのは、実はBだけだ」
☑ It is the very B that ～.	「～なのは、まさにBだ」
☑ It is this B that ～.	「～なのは、まさにこのBだ」
☑ It is really[actually・in fact] B that ～.	「～なのは、本当はBだ」
☑ It is precisely B that ～.	「～なのは、まさにBだ」
☑ It is mainly B that ～.	「～なのは、主にBだ」
☑ It is above all B that ～.	「～なのは、とりわけBだ」

解析

I emphasize: It is not <the wearing of furs> that is our chief concern here,
S　V　　　　　　　　　　　　S　　　　V　　　C

or <hunting for sport>, or even <the eating of meat>.

It is <the use of animals in medical research>, (above all other uses),
　　　　　　　S

that compels us to think carefully (about the moral status of animals).
　　　V　　O　　C

指針

It is notを見たら？

まずは強調構文を予想します。the wearing of fursの後に**thatを見つけて**、**やはり強調構文だと判断**します（It isとthatを取り払って文が成立することがダメ押しになる）。和訳では「決して・間違っても」などを入れて強調構文だと明示するといいでしょう。

※動物保護の話ではよく「毛皮・狩り・肉食」が話題になりますが、ここでは「そんなことじゃない」と一般論を強く否定しているのです。

強調したいものを追加する

thatの後はis our chief concern hereで一旦、文が終わるのですが、その後にor hunting for sport, or even the eating of meatと続きます。最初にIt is ～ thatで挟んで強調するものを後から追加している感覚です。

また、「～でない」と否定したからには、「じゃあ何に関心があるの？」という疑問が湧くはずです。次の文でそれに答える（It is not A but B that ～ のBの内容が出てくる）と予想します。

2つめの強調構文の目印は？

It is the use of animals in medical researchで始まる文も強調構文で、その目印はabove all other uses「他の使い方よりも上にあることだが」→「他の使い方にもまして」です。**It is above all B that ～.「～なのは、とりわけBだ」**（above allはBの後にくることも）の形が基本ですが、それの延長としてabove all other usesに反応できるかと思います。

SVOCのSを強調する

It isとthatで挟まれたものがSで、that以下を見ると、compels us to think ～ という、SVOCになっています。SVOCの形では「OCを強調する」のが原則です（後ろにくるものが強調される傾向がある）。
そこで「あえてSを強調したいとき」に強調構文が使われるのです。つまり、**It is S that VOCという強調構文**はよく出ます。S（原因）が強調されることを意識して、「OがCするその原因はSだ」、もしくは「まさにSによって、OがCする」と訳せばOKです。

※compel 人 to ～「人に～することを強いる」は意味を知らなくても、「Sによって人は～する」と考えれば意味はとれます（この方法はTHEME35で解説）。

和訳例

直訳：ここでの我々の重要な関心は、毛皮を着ることではない。また、娯楽としての狩りでもなく、肉を食べることですらない。我々に動物の道徳的地位について慎重に考えさせるのは、他のあらゆる利用法よりも医学研究での動物の利用なのである。

意訳：私は次の点を強調したい。ここで我々の最大の関心事は、(間違っても)毛皮を着ることではなく、娯楽としての狩りでもなく、肉を食べることですらない。我々が動物の道徳的地位についてじっくり考えなければならないその理由は、他のあらゆる利用法にもまして、医学研究において動物を利用することなのである。

※「間違っても」を入れることで強調を表しています。また、the use of animals in ～ は名詞構文「～で動物を利用すること」と訳しています (THEME11)。

語句 emphasize「強調する」、fur「毛皮」、chief「主な・最も重要な」、concern「懸念・関心」、compel 人 to ～「人に～することを強いる」、moral「道徳的な」、status「地位」

チェックポイント

☑ It is not A that ～ の強調構文	◎ △ ✕
☑ It is above all B that ～ の強調構文	◎ △ ✕
☑ It is S that VOCという強調構文	◎ △ ✕

THEME 3 重要構文（本質のabout）

設問 次の英文の下線部を訳しましょう。

「3人の囚人の誰を仮釈放するか」を検討する話。

There was a pattern to the judge's decisions, but it wasn't related to the men's ethnic backgrounds, crimes or sentences. <u>It was all about timing</u>.

（慶応大学／総合政策）

解説

テーマ 「本質のabout」を使った重要構文

基本形　：S is all about A「Sの本質はAだ」		※allは強調
変形（1）：It is all about A「重要なのはAだ」		※主語がitに変わる
変形（2）：what S is all about「Sの本質」		※Aがwhatに変わる

これを丸暗記するのは大変ですよね。そこで、aboutの意味から考えていきましょう。**aboutの核心となる意味は「周辺（～の周りに）」**で、そこから「約～」や「～について」の意味でよく使われるだけです。
さらに「本質」の意味が生まれます。**S is about A**なら、直訳「SはAの周りにある」→「SはAから離れない・SはAを中心にしている」→**「Sの重要点はAだ・Aがすべてだ」**となります。
※強調のallがついて、S is all about Aとなることが多いです（特に意味は変わらず）。

Science is about connections.「科学で大切なのは、つながり（を理解すること）だ」（この英文では「各学問分野でのつながり」のこと）が大阪大の和訳問題で出ました。直訳「科学はつながりに関するものだ」から文脈に応じて考えればなんとなく理解した気になってしまう受験生が多いのですが、みなさんは「本質・大切なこと」というニュアンスを意識してください。

次に、S is all about Aで、Sがitになって、It is all about Aという形もあります。このitは「状況のit（漠然と「世の中」くらいの意味）」と考え、**It is all about A「(世の中や人生で) 重要なのはAだ」**となります。

S is all about Aで、（Sではなく）Aが関係代名詞whatになって文頭に出ると、**what S is all about**の形になります。これは直訳「Sの本質であるところのもの」→**「Sの本質・Sのすべて」**となります。
what S is all about自体は名詞節（whatは名詞節をつくる）なので、これだけでは文にはなりません。実際には、X is what S is all about「XはSの本質だ」となります（「XとはSになくてはならないもの・SはXがすべてだ」などと意訳できます）。かなり前のことですが、Playing is what childhood is all about.「遊びとは子ども時代になくてはならないものだ」という文が東大に出ました。

※他にも、東京理科大ではX is what S is all aboutに下線が引かれて、「重要」を表すfundamentalを使って言い換える問題が出たりしています。

解析

There was(V) <a pattern to the judge's decisions>(S), but it(S) wasn't related(V) (to the men's ethnic backgrounds, crimes or sentences). It(S) was(V) all about timing(C).

指針

It was all about timing. を見たら？

It is all about A「重要なのはAだ」の形です。「重要なのはタイミングだった」「タイミングがすべてだった」などと訳せます。今回の英文なら文脈で予想はついてしまうかもしれませんが、いつもそうとは限らないので、正確に意味を把握できるようにしておきましょう。

和訳例

裁判官の判定にはあるパターンがあったが、それは囚人の民族的背景や犯した罪や刑罰とは関係がなかった。大事なのはタイミングであった。

※ちなみに、これは「裁判官が仮釈放を認める割合は朝と休憩後に高い」という有名な研究に関するものです。「決断を繰り返すことで疲労がたまる」話の例でよく使われます。

語句 judge「裁判官」、be related to ～「～と関係している」、ethnic「民族的な」、background「背景」、sentence「刑罰」

チェックポイント

☑ It is all about Aの形　◎ △ ×

THEME 4

疑問詞の強調

設問 次の英文の下線部を訳しましょう。

Many foreigners who move to Japan know they enjoy living in the country but find it difficult to say exactly what it is about living there that they like so much.

（オリジナル）

解説

テーマ 疑問詞を使った強調構文

強調構文で「疑問詞を強調する」ときは、疑問詞 is it that ～?「一体全体疑問詞なのか？」となります。この形では強調構文だと即断してOKです。

※疑問詞をIt isとthatで挟んだ後、疑問詞が文頭へ出て疑問文の語順（is it）になったわけです。

解析

<Many foreigners [who move to Japan]>
S

know <{that} they enjoy living in the country>
V O (s) (v) (o)

but

find it difficult 〈to say exactly < what it is about living there
V 仮O C 真O (o)

that they like so much>〉.
(s) (v)

指針

what it is about living thereを見たら？

SはMany foreignersで、そのVがknowと下線部のfindです。find it difficult to ～「～するのが難しいとわかる・思う」の形です（「わかる・思う」は必ずしも訳出する必要はない）。

sayのOがwhat it is about living there that they like so muchです。そしてwhat it is about living thereを見たときに**「疑問詞を使った強調構文」**を考えてください（今回は間接疑問文なので、what is itではなく、what it isの語順です）。「そこで生活することに関して、一体何が」という意味です。

なぜこの基本事項が見抜きにくいのか？

これ自体は基本事項なので、難関大を目指すみなさんにとっては簡単なことでしょう。しかし今回は注意点が2つあります。
1つは、**what it is about ～ that ... の形でよく使われる**ということです。what it is that ... の形で習うのですが、このようにabout ～ がついて「～に関して一体何が…なのか？」という形も重要なのです。
2つめは、なまじ前項でwhat S is all about「Sの本質」を解説したので、これと混乱しないように注意しないといけないわけです。what S is all aboutは、aboutの後ろに名詞は続きません（aboutの目的語がwhatなので）。
しかし今回の強調構文ではaboutの後に動名詞（living there）がきていますね。こういったところでもしっかり区別してください。

和訳例

日本に移住する多くの外国人は、日本での生活が楽しいことはわかっているのだが、そこでの生活の（一体）何がそんなに気に入っているのか明確に言葉にするのは難しい（と思う）。

語句 know they enjoy living「生活が楽しいことはわかっている・自覚している」（このままよく使われる）

チェックポイント

☑ what it is about ～ that ... の形の強調構文　◎ △ ×

Chapter

2

訳語からの脱却

refer to 〜 を「〜に言及する」、attribute を「帰する」と覚えても、単語テストでは丸をもらえますが、実際の英文では通用しません。日本語訳に縛られてはいけない重要表現をマスターしていきましょう。

THEME 5

因果表現 (1)

設問 次の英文を華麗に訳しましょう。

Gravitation is not responsible for people falling in love.

（Albert Einsteinの言葉より）

解説

テーマ　因果表現は「原因と結果の関係」を把握する（その1）

辞書・単語帳では、動詞causeを「〜の原因となる」と訳すことが多いのですが、このような覚え方では、英文で「何が原因で、何が結果か？」を一瞬で理解できないことがあります。まして受動態be caused byになるとなおさらです。こういった因果表現は「形」から考えるのがベストです。

▶ **(1) 原因 V 結果 の形をとるもの　「原因 によって 結果 になる」**

原因 cause 結果 ／ 原因 bring about 結果 ／ 原因 lead to 結果 ／ 原因 contribute to 結果 ／ 原因 give rise to 結果 ／ 原因 result in 結果 ／ 原因 is responsible for 結果 ／ 原因 trigger 結果

▶ **(2) 結果 V 原因 の形をとるもの　「結果 は 原因 によるものだ」**

結果 result from 原因 ／ 結果 come from 原因 ／ 結果 arise from 原因 ／ 結果 derive[stem] from 原因

訳は原因と結果が表れるならどんなものでも構いません。たとえば、S cause Oで「Sが原因で結果的にOになった」でも「SはOになった」でもいいのです。

※この因果表現の場合、無生物主語の第3文型だからといって受動態で訳す必要はありません（THEME18）。

解析

Gravitation is not responsible for people falling in love.
S　V　O

指針

is responsible forの意味は？

be responsible for 〜 は有名な熟語ですが、**「〜に対して責任がある」**と訳されることが非常に多いです。確かに中堅大学までならその意味でよく出るのですが、難関大になると因果の意味も問われます（**原因 is responsible for 結果**の形になる）。

※もちろん2つの意味に関連はあり、S is responsible for Oは「SがOを生み出した」からこそ「Oに責任がある」と言えるわけです。

Gravitationが原因で、people falling in loveが結果ということになります（今回はnotがあるので否定文ですが）。
peopleは動名詞の意味上の主語なので、「人々が（恋に落ちること）」と訳します。fallingを分詞と考えて後ろからかけて「〜な人々」としてはいけません。

※ここではあくまで現象（people falling in love）自体が結果であって、間違っても人間（people）自体が結果ではありませんよね。

なぜfallingを使ったのか？

直訳は原因と結果を意識して「重力のせいで、人が恋に落ちるのではない」とすればOKです。ただし今回は英文の指示が「華麗に訳しましょう」だったので、もう一歩踏み込みましょう。
アインシュタインは物理学者ですから、Gravitationやfallingというのは専門として扱っている事柄です。ここでは**「重力で物が落ちる」と、「恋に落ちる」をかけている**のです。
Gravitationは言ってみれば「物理の法則」の一例であり、falling in love（特にlove）は「人間の心」の一例です。現象の理屈を解明するのが物理学者の仕事ではあるものの、人の心は理屈では解明できないということを表しているのでしょう。訳としては、できるだけ元の言葉を活かしつつ「物が落ちるからといって、人までもが恋に落ちるわけではない」としました。

※入試の「和訳問題」であれば、これは直訳で合格（因果を見抜ければOK）ですが、「説明問題」や「内容一致」であれば意訳の内容まで読みとる必要があるのです。

和訳例

直訳 ：重力のせいで人が恋に落ちるのではない。

意訳 ：物が落ちるからといって、人までもが恋に落ちるわけではない。

語句 gravitation「重力」

チェックポイント

- ☑ 原因 is responsible for 結果 の形 ◎ △ ×
- ☑ 名詞＋-ingはすぐに分詞とは考えず、動名詞の意味上の主語を考慮する ◎ △ ×

THEME 6

因果表現 (2)

設問 次の英文を訳しましょう。

Researchers credit the heroin-assisted treatment program in Switzerland, the first national scheme of its kind, with reductions in drug-related crimes and improvements in the social functioning of addicts.

（慶応大学／法）

解説

テーマ　因果表現は「原因と結果の関係」を把握する(その2)

因果を表す動詞には、原因 cause 結果 のパターン、結果 result from 原因 のパターン(共にTHEME5)の他に、(3) V 結果 to 原因 の形をとるものがあります。oweだけは有名ですが、難関大では他のものも頻繁に出てきます。

▶(3) V 結果 to 原因 の形をとるもの　「結果 を 原因 によるものだと考える」

owe 結果 to 原因 ／attribute 結果 to 原因 ／ascribe 結果 to 原因 ／credit 結果 to 原因 (＝credit 原因 with 結果)

※ここの動詞は「～だと考える」という意味が根底にあるので、過去に起きた因果関係を説明するときでも「現在形」で使われます。

attributeなどは辞書・単語帳では「帰する」などと訳されますが、そんな日本語を覚えるのではなく、形(原因と結果の関係)をしっかり把握してください。

解析

Researchers credit <the heroin-assisted treatment program in Switzerland>,
S V O

<the first national scheme of its kind>,
同格

(with { <reductions [in drug-related crimes]>
and
<improvements [in the social functioning of addicts]>).

指針

Researchers creditを見たら？

動詞creditを見たら、まずは因果を示す形を予想しましょう。creditの場合は、owe同様の形（credit 結果 to 原因）の他に、withを使った形（credit 原因 with 結果）もあるところがやっかいです。特に今回はcreditのOが長いので、この意識をしっかり持っていないと、正確に解釈するのはまず不可能です。

creditの後はthe heroin-assisted treatment program in Switzerlandがきた後、the first national scheme of its kindが同格になっています。
そしてその後にやっとwithが出てくるわけです。そこで以下の形だと判断します。

Researchers credit [the heroin-assisted ～], the ～, with [reductions ～]
credit 原因 同格 with 結果

大枠としては「Researchersの考えでは、the heroin-assisted treatment programが原因で、reductionsとimprovementsが結果的に起きた」となります。creditを訳出するなら「～だと考えている・認めている」くらいになります。
※heroin「ヘロイン（麻薬）」とheroine「ヒロイン」を間違えないように（発音は同じ）。

参考：よく使われるcreditの形
①結果 には「業績・仕事」などがくることが多いので、“credit 業績 to 人 ＝credit 人 with 業績”で覚えるのもアリです。
②大半のケースで受動態になるので、辞書によっては受動態の形でしか載っていないものが多いほどです。人 is credit with ～／～ is credit to 人「人に～の功績があるとされる」といった形で載っています。
※しかし今回は能動態なので、受動態の形で暗記していると対応できません。41ページのように因果表現をまとめて理解しておきましょう。

ちなみに、credit 結果 to 原因 を使って書き換えると、次のようになります。Researchers credit reductions in drug-related crimes and improvements in the social functioning of addicts to the heroin-assisted treatment program in Switzerland, the first national scheme of its kind.

reductions inとimprovements inのinをどう訳す？

どちらも「分野・範囲のin」で、このinは直訳は「～において」で（これでもOKですが）、**「～が」と訳すと自然**になります。reductions in ～「～が減ること」、improvements in ～「～が改善すること」です。

和訳例

直訳：研究者たちは、その類では最初の国家的な計画である、スイスのヘロインを利用した治療プログラムが原因で、薬物関連の犯罪の減少と（薬物）中毒者の社会的機能の向上が起きたと考えている。

意訳：研究者たちは、その類では最初の国ぐるみでの計画である、スイスのヘロインを利用した治療プログラムのおかげで、薬物関連の犯罪が減り、（薬物）中毒者の社会的役割が向上したと考えている（認めている）。

語句 scheme「計画」、of its kind「同種類の」、reduction「減少」、improvement「向上・改善」、function「機能する・役割を果たす」、addict「中毒者」

チェックポイント

- ☑ credit 原因 with 結果 の形　◎ △ ×
- ☑ reduction in ～／improvement in ～ のinは「分野・範囲のin」　◎ △ ×

THEME 7

因果表現 (3)

設問 次の英文を訳しましょう。

The recent rise in global temperatures is attributable to an increase in carbon levels in the atmosphere.

（オリジナル）

解説

テーマ　因果表現は「原因と結果の関係」を把握する（その3）

V 結果 to 原因 の形をとるものに、attribute 結果 to 原因 がありますが、さらに発展事項として、結果 is attributable to 原因 の形もチェックしておきましょう。形容詞attributableは「起因すると考えられる」のような訳になりますが、言うまでもなく、結果 is attributable to 原因 の形が重要です。このまま覚えてもいいのですが理屈まで説明すると、**"動詞＋able"の形では、-ableは「可能・受動」の意味を持つ**ので、be attributable＝can be attributedと考えることができるのです。動詞attributeが受動態になった形と同じ発想です。

能動態　attribute 結果 to 原因
受動態　結果 is attributed to 原因
　　　＝ 結果 is attributable to 原因

※仮に混乱しても、元のattribute 結果 to 原因 の形から考え直せば自分で導き出せます。

解析

<The recent rise [in global temperatures]> is attributable to
S　V
<an increase[in carbon levels in the atmosphere]>.
O

指針

結果 is attributable to 原因 の形を考える

The recent rise in～ is attributable to an increase in ～.
結果　is attributable to　原因

意味重視でわかりやすくするなら、後ろから「原因→結果」の順で訳し（次の「直訳」参照）、英語通りの順番を尊重するなら「結果→原因」のまま訳します

（「意訳」参照）。
rise in 〜 も increase in 〜 も「分野・範囲の in」なので、「〜において」→「〜が」と訳すと自然になります。

和訳例

直訳 ：大気中の炭素レベルにおける上昇が、地球の温度における最近の上昇につながっている。

意訳 ：地球の温度が最近上昇しているのは、大気中の炭素濃度（の度合い）が上昇しているからだ。

語句 temperature「気温」、rise「上昇」、carbon level「炭素濃度」、atmosphere「大気」

チェックポイント

- ☑ 結果 is attributable to 原因 の形　◎ △ ✕
- ☑ rise in 〜／increase in 〜 の in は「分野・範囲の in」　◎ △ ✕

THEME 8 イコールの意味になる動詞(1)

設問 次の英文の下線部を訳しましょう。

self-esteemは（訳さずに）そのまま使ってください。

The word *esteem* comes from the Latin *aestimare*, which means "to estimate or evaluate." Self-esteem thus refers to our positive and negative evaluations of ourselves.

（関西学院大学／社会・法）

解説

テーマ 「イコール」の意味を持つ動詞（その1）

refer to ～「～に言及する」と覚えているでしょうが、実際の英文では「～を意味する」という意味も非常に重要です。こういった「イコール動詞」は長文中で**言葉の定義を表す大事な文で使われる**だけに、正確に解釈したいところです。

▶イコール動詞

	よく示される訳語	重要なイメージ
be	～である	「イコール」を意識
mean	～を意味する	
refer to	～に言及する	
involve	～を含む・巻き込む	オーバーに言えば「イコール」と考える ※厳密には「全体（S）は部分（O）を含む」で、完全にイコールではないが、S＝Oと判断するとその英文の主張が伝わりやすい
include	～を含む	
constitute	～を構成する	
represent	～を代表する	
show	～を示す	
signify	～を示す・意味する	

※beのみ第2文型、その他は第3文型になる（この「イコール動詞」だけは文型という枠組みを無視してまとめてOKです）。

解析

<The word *esteem*> comes from <the Latin aestimare, [which means
S V O
"to estimate or evaluate."]>

Self-esteem (thus) refers to <our positive and negative evaluations
S V O
[of ourselves]>.

指針

refers toを見たら？

ここで「言及する」は不自然ですね。**「イコール動詞」だと判断して、mean の意味**で考えます。「self-esteemとは〜ということだ」です。

ちなみにreferは「参照する」などの意味があり、「意識が向く」というのが根底にある意味です。それを踏まえて和訳例では「〜を指す・指し示す」としました。

※referee「レフリー」は試合中にその判断を求めてみんなの意識が向く存在です。サッカーのオフサイドではないかというときに選手の意識が一斉にレフリーに向きます。

参考までに、1文目でmeanが使われています。同じ動詞の反復を嫌って、mean以外のイコール動詞を使った結果がrefer toなのかもしれませんね。

evaluationsをどう訳す？

今回はour positive and negative evaluations of ourselvesを直訳して「自分自身に対する肯定的および否定的な評価」でもOKですが、後で扱う名詞構文（THEME10）の考え方に触れておきます。動詞evaluate（1文目にあります）の名詞形がevaluationなのでv'と考え、動詞っぽく訳します。それに伴ってevaluationsの周りは以下のように考えると自然な和訳になります。

our positive and negative evaluations of ourselves
s'　副詞っぽく　v'　o'
「私たちが自分自身を肯定的および否定的に評価すること」

「形容詞＋名詞（positive and negative evaluations）」→「副詞っぽく＋動詞っぽく」訳すわけです。ちなみに所有格ourは「主語っぽく」訳します（THEME12）。

参考：self-esteemの意味について

かなり訳しにくい単語ですが、特に難関国立大の下線部和訳で狙われそうなので、少し触れておきます。self-esteemを辞書で引くと「自尊心」とあります。しかしこの英文には少し合わないですし、英文中にあるevaluationを利用して「自己評価」、さらには「自己肯定感」くらいが妥当かと思います。

ちなみに、英文中にはpositive and negativeと出てきますが、それに合わせて補足すると、positiveは、high self-esteem「自信を持っている・未来に希望を持っていること」など、negativeは、low self-esteem「自信がない・人と比較して劣等感を抱くこと」などを表します。

和訳例

esteemという単語の語源はラテン語の「aestimare」で、「見積もる、または評価する」という意味だ。したがって、self-esteem（自己肯定感）とは、自分自身を肯定的および否定的に評価することを指すのである。

語句 come from ～「～に由来する」、estimate「見積もる」、evaluate「評価する」、evaluation「評価」

チェックポイント

☑ refer toには「イコール」の意味がある ◎ △ ×

THEME 9 イコールの意味になる動詞(2)

設問 次の英文を訳しましょう。

Cultures without numbers, or with only one or two precise numbers, include the Munduruku and Pirahã in Amazonia.

※the Munduruku and Pirahã in Amazonia「アマゾン川流域地帯のムンドゥルク族やピダハン族」

(横浜市立大学／前期／地域医療枠〈神奈川県指定診療科枠含む〉・国際教養・医)

解説

テーマ 「イコール」の意味を持つ動詞（その2）

involveは「巻き込む」、includeは「含む」と覚えているでしょうが、これも前項のrefer to同様、実際の英文では「〜を意味する」という意味で使われることが多々あります。**S involve[include] O「SはOという意味だ／SとはすなわちOのことだ」**のように、「Sの意味を定義する」表現です。
ただ、厳密に言えば「全体（S）は部分（O）を含む」ということなので、完全にイコールではないのですが、もはやS＝Oと判断したほうがその英文の主張がリアルに伝わってきます。たとえばサッカー選手が「PK戦にはメンタルの力も含まれるぞ」と言うときの主張は「PK戦＝メンタルの力」と考えたほうが、その主張が伝わりやすくなりますよね。

もちろん、「完全にイコール」で「やりすぎた・言い過ぎた」と思えば戻せばいいだけです。その場合は「例となる」と訳せることもあり、S involve[include] O「Sの例としてOがある」というパターンを知っておくといいでしょう。

解析

<Cultures [without numbers], or [with only one or two precise numbers]>, include <the Munduruku and Pirahã in Amazonia>.

S: <Cultures [without numbers], or [with only one or two precise numbers]>
V: include
O: <the Munduruku and Pirahã in Amazonia>

指針

includeを見たら？

長文では最初に「イコール表現」を考えるのが一番効率の良い読み方です。Cultures 〜 ≒ the Munduruku and Pirahã in Amazoniaと考えると「〜な文化はズバリ○○族だ」となります。これで解釈しても許容範囲で誤解もないでしょうが、厳密に言えば「他にもある」ということで、今回は少し最初の意味「含む」を意識して、S include O「Sの例としてOがある」がベストだと判断する練習として今回の英文を採用しました。
※「直訳」では「イコール」で、「意訳」では「（例として）〜がある」で訳しています。

和訳例

直訳：数字を持たない、もしくは1つ2つしか正確な数字を持たない文化は、アマゾン川流域地帯のムンドゥルク族やピダハン族である。

意訳：数字を持たない、もしくは1つ2つしか正確な数字を持たない文化には、アマゾン川流域地帯のムンドゥルク族やピダハン族がある。

チェックポイント

- ☑ includeはまずは「イコール」を考える ◎ △ ×
- ☑ S include O「Sの例としてOがある」の意味が便利なときもある ◎ △ ×

Chapter

3

直訳の解体

「一旦直訳してから、なんとなくカタいと思って、そこから意訳する」… よくあるやり方ですが、このChapterで「名詞構文」の考え方を身につけることで、一発で意訳する発想を身につけていきます。

THEME 10

名詞構文 (1)

設問 次の英文を訳しましょう。

She is a professional dog walker, so she walks dozens of dogs every day.

（オリジナル）

解説

テーマ 名詞構文（その1）／他動詞の感覚

She is a good cook. を直訳して「彼女は良い料理人」とするのではなく、「彼女は料理が上手い」と訳したいところです。**和訳がカタくなる原因の多くは「動詞派生の名詞」を直訳してしまうから**です。こういった名詞をv’（動詞っぽい単語）と考えましょう。v’の判別は、その名詞に「〜すること」をつけるとわかります。たとえばignorance「無視」なら「無視すること」と訳しても自然で、こういう場合はv’だと判断します（a good cookのような「〜する人」のパターンもありますが、これは簡単にわかります）。一方、fact「事実」を「事実すること」にすると意味不明なので、factはv’ではありません。

＊＊＊

waterという単語は誰でも知っていますが、If you want to grow sweet tomatoes, don’t water them too much. という文を見たら「waterは動詞」だと判断する必要があります。
目の前の英文がそうなっている以上、それに従って考えるのが英語での発想です。waterが動詞という紛れもない事実を前に、（普段の勉強なら辞書を引きますが）試験本番では辞書を引けないので、類推する必要があります。
このwaterは他動詞（直後にthemというOがある）です。原則的に他動詞は「Oに何かしらの影響を与える」という意味が前提になることが多いので、waterは「（Oに）水の影響を与える」→「水をあげる」という意味だと予想すればいいのです。文の意味は「もし甘いトマトを育てたいのならば、あまり水をあげすぎてはいけません」となります。

余談ですが、難関大の英文では知らない語法が出ます。以前、早稲田でこの他動詞waterが出たときに、「waterに動詞なんてない」と思い込んで、英文が間違っていると邪推してしまった教え子がいました（結果的に合格したから笑い話になるのですが）。英文読解は「こうなるからそうなる」という数式を解くときの発想がいつもうまくいくわけではなく、「目の前にある事象を観察してその中で論理的に考える」という、理科の観察のような発想が求められるのです。

解析

She is <a professional dog walker>, so she walks <dozens of dogs> (every day).
S V C S V O

指針

a professional dog walkerをどう訳す？

直訳「プロの犬の散歩者」という日本語は避けましょう。**walkerがv'なので「walkさせる人」**と考えます。walk「散歩させる」という用法は後半に出てくる動詞からわかるので、「散歩させる（人）」とします。

次に「犬を散歩させるプロ」という訳も発想自体はいいのですが、普段、犬の散歩にプロとアマチュアを分けることはないので「仕事として犬を散歩させている」くらいの意訳を目指してください。

she walks dozens of dogsは第何文型？

walkは普段は自動詞「歩く」ですが、ここではO（dozens of dogs）があることから**他動詞で第3文型になっている**とわかります。他動詞walkは「（Oを）歩かせる」→「散歩させる」と予想してほしいところです。

※今回は簡単でしたが、「目の前にあるものを前提に、できるだけ今までの英語の知識と経験値に基づいて類推する」という発想を知ってほしいためにこの英文を採用しました。

dozens of ～「何十もの～」

dozenは「12」ですが、別に12の倍数にこだわる必要はなく、「何十もの～」という訳が定番です。ここでも「何十匹もの犬」となります。

和訳例

彼女は犬を散歩させる仕事をしているので、毎日何十匹もの犬を散歩させる。

チェックポイント

- ☑ a professional dog walkerを自然に訳す ◎ △ ×
- ☑ 他動詞は「Oに影響を与える」／walkは「散歩させる」 ◎ △ ×

THEME 11 名詞構文 (2)

設問 次の英文の下線部を訳しましょう。

The seventeenth century was also characterized by a new optimism about the potential for human advancement through technological improvement and an understanding of the natural world. Hopes were expressed that the understanding and control of nature would improve techniques in industry and agriculture.

（東京大学／前期）

✦ 解説

テーマ **名詞構文（その2）／“SV＋Sの説明”**

v'（動詞派生の名詞）の直後には前置詞がくることがよくあります。代表格はofで、**“v'＋of〜”の形は「格関係のof」**と呼ばれます。

▶ **格関係のof**

①主格のof：v'の主語を示す／主語っぽく「〜が」と訳すと自然になる
②目的格のof：v'の目的語を示す／目的語っぽく「〜を」と訳すと自然になる

たとえばthe approach of nightを「夜の接近」、the love of libertyを「自由の愛」と訳すのではなく、the approach of nightは「夜が近づくこと」（主格のof）、the love of libertyは「自由を愛すること」（目的格のof）と訳します。**v'を「〜すること」と訳すのと同時に、ofを「が」や「を」と訳すことで自然な日本語になる**わけです。

＊＊＊

「長い主語」の場合、「長い主語を後ろに移動する」という考えは仮主語（形式主語）の説明で出てきますが、それとは違って（主語丸ごとではなく）**「主語を説明する部分だけを後ろまわしにする」発想**もあります。この発想自体は「関係副詞」で出てくる有名な例文で使われています。The time will come when humans will build cities and form communities on the moon.「人類が月面に街をつくり、社会を形成するときがくるでしょう」では、「関係副詞whenの先行詞はThe timeです」と習いますが、これを単に「先行詞が離れている」というだけで済ませてはいけません。本来、The time when humans will 〜 on the moon will come. の修飾部分だけを後ろにまわしたと考えるべきなのです。

▶ “SV＋ Sの説明 ”の形（「主語の修飾部分」の後ろまわし）

原則：主語が長いとき、主語の修飾部だけを後ろに移動できる
注意：①「修飾部分」は何でもOK（関係詞・同格that・不定詞・前置詞句など）
②第1文型に多いが、第2文型や受動態（“S is p.p. ＋ Sの説明 ”）でもOK
※「Oをとらない文型」で起きる（Oがあるのに修飾部を後ろに移動するとまぎらわしい）。

解析

<The seventeenth century> was (also) characterized (by a new optimism [about ～ [through technological ～]]).
(S: The seventeenth century / V: was characterized)

Hopes were expressed 〈 that the { understanding (s) / and / control } of nature would improve <techniques [in industry and agriculture]>〉.
(S: Hopes / V: were expressed / (s): understanding / (v): would improve / (o): techniques)

指針

Hopes were expressedを見たら？
この時点で文は完成しているので、**後ろに名詞を必要としない**ことを意識してください。
※この構文を意識せず、ただ単語をつないで、×）「希望はthat ～ を表現した」とすると完全な誤訳です。

ただし意味においては完成していません（「希望が表現された」だけでは意味不明）。
その後にthatが続くことで、**Hopesを修飾する形（主語の説明部分だけが後**

ろに移動したパターン）だと考えてほしいところです。
元々の文は、Hopes that the understanding and control of nature would improve techniques in industry and agriculture were expressed. です。

that節内の構造

that以下は完全な形（SVO）なので、このthatは「同格のthat」です。the understanding and control of natureは、**understandingとcontrolをv'と考え、ofは目的格**だと判断します。
v'が2つ、o'が1つなので「〜を理解して、制御（支配）すること」となります。間違っても、×）「理解と、〜を制御すること」と訳さないようにしてください。
ちなみに、wouldは仮定法ではありません。wereから過去の話だとわかりますし、「hopeの内容」なので、「過去から見た未来」です（willが過去形になっただけ）。

和訳例

17世紀はまた、技術の改善と自然界を理解することによって人類が発展する可能性についての、新たな楽観主義も特徴的であった。自然を理解して制御すれば、農工業の技術が向上するだろうという期待が示されていた。

※1文目のan understanding of the natural worldも名詞構文で「自然界を理解すること」と訳しています／2文目のthat節内は無生物主語の第3文型なので「〜によって、技術が改善される」式で訳しています（THEME18）。また、「改善される」→「向上する」とさらに意訳しました。

語句 characterize「特徴づける」、optimism「楽観主義」、advancement「進歩」、improvement「改善」、natural world「自然界」、industry「産業・工業」、agriculture「農業」

チェックポイント

- ☑ "SV＋Sの説明"の形　◎ △ ×
- ☑ the v' of 〜 の形　◎ △ ×

THEME 12 名詞構文 (3)

設問 次の英文を訳しましょう。

The high school's decision to allow students to start an esports video game club sparked controversy among parents.

(オリジナル)

解説

テーマ 名詞構文（その3）／「焚きつける」表現

depend on ～ が名詞化しても dependence on ～ になる（後ろの前置詞をキープする）のと同じように、**前置詞以外のものもキープ**します。
よくあるのがto不定詞です。たとえば、動詞attemptは、attempt to ～「～することを試みる」の形をとります。これが名詞attempt（動詞と同じ形）になっても直後にtoをとることは変わりません。

an attempt to reduce costs
　　　　v'　　　　o'

attempt to reduceをまとめてv'と考えて「（費用を）減らそうとすること」と解釈すればOKです。他にも、動詞fail to ～「～しない」が名詞化するとfailure to ～「～しないこと」になります。

＊＊＊

長文では賛否両論あるテーマを取り上げることも多く、その中でよくポイントになるのが動詞fuelなどの「焚きつける」系統の表現です。fuelは名詞「燃料」でおなじみですが、動詞は「燃料を足す」→「（感情・憶測などを）焚（た）きつける・煽（あお）る・刺激する」といった意味になります。fuel concerns「懸念を増す」、fuel controversy「論争を煽る」などは難関大で狙われます。次ページでfuelのような「焚きつける・促す・助長する・刺激する」といった表現をチェックしておきましょう。
※細かいニュアンスや使い方の違いはありますが、まずは「焚きつける」系統としてチェックしてみてください。

▶「焚きつける」表現　※カッコ内は代表的な訳

stimulate「刺激する」／inspire「刺激する・鼓舞する」／motivate「刺激する・やる気にさせる」／fuel「煽る・刺激する」／spark「引き起こす・刺激する」／drive「促す・駆り立てる」／propel「促す・駆り立てる」／make for「～を促進する・～につながる」／spur「促進する」／ignite「火をつける・奮起させる」／incite「刺激する・駆り立てる」／induce「誘発する」／stir「奮起させる・扇動する」／provoke「怒らせる・引き起こす」

解析

<The high school's decision [to allow students to start ～]> sparked controversy (among parents).
（S = The high school's decision ～, V = sparked, O = controversy）

指針

The high school's decision toを見たら？

decisionがv'であることに注目してください。所有格The high school'sはs'「学校が」と考えます。v'の前にある所有格はs'かo'になります（どちらになるかは文脈判断）。

decisionはv'ですが、toがあることを考えて、decision to ～「～することを決めたこと」とまとめて考えます（decide to ～ の名詞化）。

※直訳「～する学校の決定」でも悪くはありませんが、英文が長いときや難しいときはv'のほうが自然なので、常にv'で考える練習をしておきましょう。

その後はallow 人 to ～「人が～するのを許可する」です。allowはSVOCの形をとりますが、今回のように英文の一部に埋め込まれたときは直訳「許可する」のほうがクドくないことはよくあります。

※直訳はいつでもできるので、常に自然な訳を心がけて、やりすぎたら直訳に戻せばいいだけです（上のdecisionも同じ発想です）。

sparked controversy に反応する

sparkは本来「火花」で、「火花を起こす・導火線の引き金となる」→「引き起こす・刺激する」となります。spark debate「論争を引き起こす」、spark controversy「論争を巻き起こす」は典型パターンです。**spark controversy among ～「～間での論争を引き起こす」**で覚えておくと自由英作文でも重宝します。

和訳例

直訳：生徒にeスポーツのゲームクラブを始めることを許可する高校の決定は、保護者の間での論争に火をつけた。

意訳：高校が生徒にeスポーツのゲームクラブの設立を許可すると決定したことで、保護者間で論争が巻き起こった。

※無生物SVOなので、受動態の構造で訳すと自然になります。さらに「論争が引き起こされた」→「論争が巻き起こった」と意訳しました。

語句 esports「eスポーツ（複数の人が参加するゲームをスポーツとみなした表現）」（最近はe-sportsより、ハイフンなしの表記のほうが普通）

チェックポイント

- ☑ The high school's decision to ～ をs'v'で訳す ◎ △ ×
- ☑ spark controversy among ～ は1つの重要表現 ◎ △ ×
- ☑ 無生物SVOは受動態の構造で訳す ◎ △ ×

Chapter

4

核心の把握

英文理解の核となるのは、言うまでもなく「SV の把握」です。この Chapter では「難関大ではどのくらいの難易度まで SV の把握が求められるのか」を体感して、SV がわかりにくいパターンを徹底的に分析していきます。

THEME 13 主語を見抜く (1)

設問 次の英文を訳しましょう。

Whether the resources sought in space are materials or energy, technology for obtaining them still needs to be developed. While the technology needed to travel to near earth asteroids is now available — in fact, the amount of rocket power and fuel needed to visit some of these bodies is less than it takes to go to the moon — the technology necessary to mine them and either process or bring back the asteroids' resources has not been developed.

（東京大学／前期）

解説

テーマ 「長いS」を見抜く（その1）

英文の骨格となるSVを見つけるのを難しくする要因の1つに「長いS」のパターンがあり、特に「後置修飾によってSが長くなる」場合に注意が必要です。Sになる名詞を後ろから修飾するパターンは以下の通りです。

(1) 名詞に“前置詞＋名詞”がくっつく

例：the announcement concerning when tickets to the games will go on sale
「いつ試合のチケットが販売されるのかに関するお知らせ」
※concerning「～について」という前置詞

(2) 名詞に“to不定詞”がくっつく（不定詞の形容詞的用法）

例：my decision to study abroad for two years
「2年間留学するという私の決断／私が2年間留学すると決断したこと」

(3) 名詞に“分詞（-ing／p.p.）”がくっつく

例：radio frequencies used to communicate with robots
「ロボットとコミュニケーションをとるために使用されるラジオ周波数」
※過去形と過去分詞が同じ形のときは述語動詞なのか分詞の名詞修飾なのかを判断する必要がある／frequencyは「頻度のほかに、特に理系の話題では「振動数・周波数」も大切

(4) 名詞に“関係詞”がくっつく

例：the architect we interviewed for the magazine article about choosing a profession
「職業選択に関する雑誌記事のために私たちがインタビューを行ったその建築家」
※the architectの直後に関係代名詞whom［that］の省略

Chapter 4 核心の把握

(5) 名詞に“普通の形容詞”がくっつく（形容詞が後置修飾するパターン）

例：anyone unable to log in to their account

「自分のアカウントにログインできない人は誰でも」

解 析

(Whether <the resources [sought in space]> are materials or energy),
(s) (v) (c)

<technology [for obtaining them]> still needs to be developed.
S V

(While the technology [needed to travel to ～] is now available
(s) (v) (c)

— in fact, <the amount of rocket power and fuel [needed to ～]>
(s)

is less (than it takes ϕ to go to the moon) —)
(v) (c)

<the technology [necessary to { mine them / and / either { process / or / bring back } the asteroids' ～]>
S

has not been developed.
V

指 針

Whether the resources soughtを見たら？

全体としては、Whetherは名詞節（Whether sv Vの形）か副詞節（Whether sv, SVの形）のどちらかになると考えます。

そして、the resources soughtは一瞬svに見えますが、それでは意味が変ですし、何よりthe resources sought in space areを見た瞬間に、この

sought は過去分詞で後ろから the resources を修飾しているとわかります。コンマの後のtechnology for obtaining them still needs to be developedを見て、Whetherは副詞節だとわかります。technology for obtaining themも長いSで、前置詞句 (for ～) が後ろから修飾しています。

While を見たら？

that・if・whether以外の従属接続詞は即「副詞節」だと判断できるので、**While sv, SV**の形を考えます。途中でダッシュ (—) を使って挿入がありますが、その後に主節 (the technology necessary to ～) が出てきます。
While節でもthe technologyをneeded to ～ が後ろから修飾、ダッシュの挿入の中でもthe amount of rocket power and fuelをneeded to ～ が修飾、主節でもthe technologyをnecessary to ～ が修飾しています (形容詞necessaryによる後置修飾)。

mine の品詞は？

necessary toの後なので、**mine は動詞**だとわかります (直後に代名詞themが続いていることからも明らか)。mine「鉱山」は必須単語なので、ここから動詞「採掘する」を予想したいところです。
ちなみに、ここでのthemはnear earth asteroidsを指します。

process の品詞は？

either process or bring backの形から、**この process は bring back と並列される「動詞」**だとわかります。よって、ここではandがmineとprocess or bring backを結んでいると判断します。ここでのprocessとbring backはセットで考えて、the asteroids' resourcesが共通の目的語になります。

和訳例

宇宙空間で探されている資源が物質であれエネルギーであれ、依然として、それらを得るための技術を開発する必要がある。地球付近の小惑星に行くのに必要な技術は現在（すでに）開発されており、実際、こういった天体に到達するのに必要なロケットの動力と燃料の量は、月に行くのに必要な量よりも少なくてすむものもあるのだが、小惑星を採掘し、その資源を処理したり、持ち帰ったりするのに必要な技術は、まだ開発されていない。

語句 sought「seek（探す）の過去・過去分詞形」、material「物質」、obtain「得る」、asteroid「小惑星」、available「利用できる」、body「天体」、mine「採掘する」、process「処理する」

チェックポイント

- ☑ Whetherは副詞節だと判断する　◎ △ ×
- ☑ 長いS（過去分詞や形容詞による修飾）を把握する　◎ △ ×
- ☑ andが結んでいるものを把握する　◎ △ ×

THEME 14 主語を見抜く (2)

設問 次の英文の下線部を訳しましょう。

I love my laptop and my iPhone and my Echo and my GPS, but <u>the piece of technology I would be most reluctant to give up, the one that changed my life from the first day I used it, and that I'm still reliant on every waking hour — am reliant on right now, as I sit typing — dates from the thirteenth century</u>: my glasses.

(大阪大学／前期)

解説

テーマ　「長いS」を見抜く（その2）

▶ Sが長くなるパターン

(1) Sそのものが長くなる
　①名詞句（動名詞など）　②名詞節（that節など）
(2) Sに後置修飾がくっついて長くなる
　①形容詞句（to不定詞など）　②形容詞節（関係詞など）
(3) Sに補足説明がくっついて長くなる
　①Sに「同格のthat」がつく　②Sに「同格の名詞」が続く

SVを把握できないときは、上記のパターンになっていることが多いです。ここでは文法学習ではきちんと扱われない（3）の②の「同格の名詞」をメインとします（特に難しくはないものの、今回の英文のようになると意外とミスが目立ちます）。

※（2）は前項で扱い、他は文法の範疇で特に問題はないでしょう。

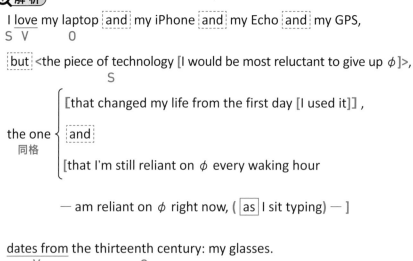

解析

I love my laptop and my iPhone and my Echo and my GPS,
S V O

but <the piece of technology [I would be most reluctant to give up φ]>,
S

the one
同格
[that changed my life from the first day [I used it]],
and
[that I'm still reliant on φ every waking hour
— am reliant on φ right now, (as I sit typing) —]

dates from the thirteenth century: my glasses.
V O

指針

SとSの同格を把握する

butの直後の名詞のカタマリ（the piece of technology I would be most reluctant to give up）がSです。次にVを予想しますが、the one that changed ～ とあるので、これを「Sの同格の名詞」と判断します。

and that ～ を見たら？

andの直後がthatなので、その前にthatを探し、the one that changed ～ のthatと並んでいると考えます。共にthe oneを修飾するので、まだ同格の説明が続いているわけです。ちなみにこのthatは関係代名詞ですから、that I'm still reliant onで、「onの後にくる名詞」が欠けていることもしっかりチェックしてください（every waking hourは副詞の役割）。

ダッシュ部分を処理する

いい加減、Vが出てくるかと思うと、今度はダッシュ（—）です。混乱しそうなら、ダッシュで囲まれた部分を一旦飛ばすのもアリですが、理想はここを読みながら「Vがくる」と意識することです。

普通、ダッシュで囲まれた部分はそこだけで独立していることが多いのですが、今回は、いきなりam reliant on ～ となっています。「その前にある部分とつながるはず」と考え、I'm still reliant on every waking hourを見つけて、「そこの言い換えや補足」だと予想します。副詞節as I sit typingの後にダッシュがあり、ここまでが挿入とみなせます。typingは分詞構文です（S sit -ingをSVCとみなすこともできます）。

その後に晴れてdates from ～ というVが出てくるわけです。

※dates from ～「～に遡る」はニュースでもよく使われる重要熟語です。

和訳例

直訳：最も手放したくない技術の1つは、初めて使った日から私の人生を変えたものであり、今でも私が起きている間中ずっと、そう今まさに座ってキーボードで文字を打ち込んでいるときにも頼っているものだが、それは13世紀にまで遡る。

意訳：私は自分のノートパソコンやiPhone、Echo、GPSが大好きだが、最も手放したくない技術の賜物は、初めて使った日から私の人生が変わり、今でも私が起きている間中ずっと、そう今まさに座ってキーボードで文字を打ち込んでいながらもお世話になっているもので、（それは）13世紀にまで遡る。それは眼鏡のことである。

語句 laptop「ノートパソコン」、Echo「エコー（スマートスピーカーの製品名）」※覚える必要はありません。

be reluctant to ～「～したくない・～する気が起きない」、be reliant on ～「～に頼っている」、date from ～「～に遡る」

チェックポイント

☑ "S, Sの同格, V"の形を把握する ◎ △ ×

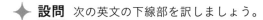

THEME 15 SVを見つける

設問 次の英文の下線部を訳しましょう。

The United States has promoted human rights internationally for decades. <u>But today, at a moment when support for authoritarian leaders who claim to speak for those left behind by globalization is spiking abroad and at home, the U.S. government must rethink those policies</u>.

（早稲田大学／社会科学）

解説

テーマ　「長い副詞」に惑わされずにSVを見つける

実際の英文では文頭にSVがあるとは限らず、「副詞（副詞句・副詞節）」が置かれることも多いです。副詞1語（例：However「しかしながら」）なら簡単ですが、これが長い副詞句・副詞節になるとSVを見失うことがあります。

解析

<The United States> has promoted <human rights> (internationally)
S　V　O

(for decades). But today,

(at a moment [when <support for authoritarian leaders
(s)

[who claim to speak (for those [left behind by globalization])]> is spiking
(v)

abroad and at home]),

<the U.S. government> must rethink <those policies>.
S　V　O

指針

at a moment whenを見たら？

時間を表す語句（a moment）の後にきたwhenですから関係副詞を考えます（それにより「どんなmomentなのか」もハッキリします）。**when以下をmomentにかけて「〜なときに」**と訳します。

whenの後のsvは？

直後にあるsupportがsになります。このsupportの修飾語が長いわけです。for authoritarian leadersと続き、関係代名詞whoが続きます。claim to speakが関係代名詞直後の動詞です。those「人々」の後ろからleft behind

〜 が修飾しています。

※ニュース英語でspeak for those 〜「〜な人々のために声を上げる」という言い方が多用されるので、ぜひここで知っておいてください。those left behind「取り残された人々」もニュースでよく出てきます（SDGsのスローガンでLeave No One Behindがある）。

そしてis spikingを見て、when節内のsvが見つかります（spike「急増する」は難関大で重要）。しかし**これはまだat a moment when 〜 のカタマリにすぎず、これから主節が出てくることを意識する**必要があります。その意識があれば、主節（the U.S. government must rethink those policies）自体は簡単ですね。

和訳例

アメリカは数十年にわたって人権を国際的に推進してきた。しかし今日、グローバル化によって取り残された人々を代弁する、と主張する権威主義的な指導者たちへの支持が国内外で急増している時期において、アメリカ政府はそういった政策を再考しなければならない。

※at homeはabroadと並んでいるので「国内で」という意味です。

語句 promote「推進する」、human rights「人権」、for decades「数十年にわたって」、authoritarian「権威主義的な」、spike「急増する」、rethink「再考する」

チェックポイント

☑ 関係副詞when 〜 は形容詞節をつくる　◎ △ ×
☑ 長い副詞の後のSVを把握する　◎ △ ×

THEME 16

副詞節の把握

設問 次の英文の下線部を訳しましょう。

Finally, if a particular species is found in a community, it obviously has some role in the community. <u>Should that species be eliminated, whatever the role of that species had been, it is no longer precisely filled, although various competitors can and do take over parts of the role</u>.

（お茶の水女子大学／前期）

解説

テーマ 副詞節を把握する

前項で従属接続詞は副詞節をつくることを確認しましたが、ほかに副詞節をつくるのが複合関係詞です。厳密には複合関係代名詞は副詞節か名詞節をつくり、複合関係副詞は副詞節だけをつくるのですが、両方とも**「形容詞節だけはつくらない」と認識**して、後は英文の形を見て、副詞節なのか名詞節なのかを判断してもいいでしょう。

※今回の英文では、下線部の前に副詞節が1つ (if ～) と、下線部に3つ含まれています。

解析

(Finally), (if <a particular species> is found in a community),
(s) (v)

it obviously has some role ～.
S V O

(Should that species be eliminated), (whatever the role [of that species] had been), it is no longer precisely filled,
S V

(although various competitors {can / and / do} take over <parts of the role>).
(s) (v) (o)

指針

Should that species be eliminatedを見たら？

仮定法ifの省略による「倒置」です（shouldを使った仮定法は倒置で出ることが多い)。元々は、If that species should be eliminatedなので、当然副詞節をつくります。shouldの場合は「（基本ありえないが）もし万が一」といったニュアンスなので主節に助動詞の過去形がくるとは限りません（今回の主節もit isという形です）。

whateverを見たら？

whateverは名詞節か副詞節をつくります。ここではwhatever the role of that species had beenの後に**it isという主節があるので副詞節**だとわかります。

主節it is no longer precisely filledの後にalthough ～ という副詞節が続いています。althoughの前にコンマがあるので、ここは補足的に「SVだ。まあ～だけれども」とつなげるといいでしょう。

preciselyをどう訳す？

主節it is no longer precisely filledの構造は簡単ですが、訳にこだわりたいところです。preciselyを辞書的に「正確に」としても意味は十分に通りますが、although ～ と対比になるので、そこがヒントになります。ここではpartsとpreciselyが意味の上で対比されています（もちろん品詞は違います）。**parts「（いくつかの）部分」と対比されているpreciselyは「部分」に対して「全体」のイメージ**で使われているはずです。よって、このpreciselyは「全部、完全に、100%」といった意味です。

※この英文のポイントは副詞節の把握（特に仮定法の倒置）ですが、たとえば早慶の問題なら、このpreciselyの部分が空所になります。普段からこういった姿勢で英文を読んでいれば簡単に解けるようになるのです。

can and do take overの形について

andによって2つの助動詞（can・強調のdo）が結ばれています。take over「引き継ぐ」は重要熟語です。ここでは「～を引き継ぐことができるし、実際に引き継ぐ」とします。

和訳例

直訳：もしその種が取り除かれてしまうと、その種の役割が何であったとしても、もはやその役割が正確に埋め合わされることはない。さまざまな競争相手がその役割の一部を引き継ぐことはできるし、実際に引き継ぐのだが。

意訳：最後になるが、ある特定の生き物がある地域（群）にいた場合、明らかにその地域で何かしらの役割を担っている。もし万が一、その生き物が絶滅してしまうと、その役割が何であれ、もはやすべての役割が完全に埋め合わされることはない。さまざまな競合種がその役割の一部を引継ぐことはできるし、実際にそうなるのだが。

語句 particular「特定の」、species「（生物の）種（しゅ）」、obviously「明らかに」、eliminate「取り除く・排除する」、fill「満たす・埋め合わせる」、competitor「競争相手」、take over「引き継ぐ」

チェックポイント

- ☑ Should that species be eliminatedは仮定法の倒置　◎ △ ✕
- ☑ whateverは名詞節か副詞節をつくる　◎ △ ✕
- ☑ 対比を意識してpreciselyを意訳する　◎ △ ✕

Chapter

5

英文の整合性

英文は接続詞を使って綺麗な形をつくりあげます。それをどう把握していけばいいのか、具体的には「難関大で求められる接続詞の運用方法」をマスターしていきましょう。

THEME 17 andを意識する (1)

設問 次の英文を訳しましょう。

The research we do have on delayed gratification tells us that differences in self-control skills are deeply rooted but can be changed. Differences in the ability to focus attention and exercise control emerge very early, perhaps as soon as nine months.

（早稲田大学／政治経済）

解説

テーマ andが何を結ぶか意識する (その1)

普段から「andが何と何を結んでいるのか？」を意識する必要があります（入試の下線部和訳でよく狙われる)。**andを見たら「後ろ」を見てから、同じ要素を前から探す**ようにしてください。

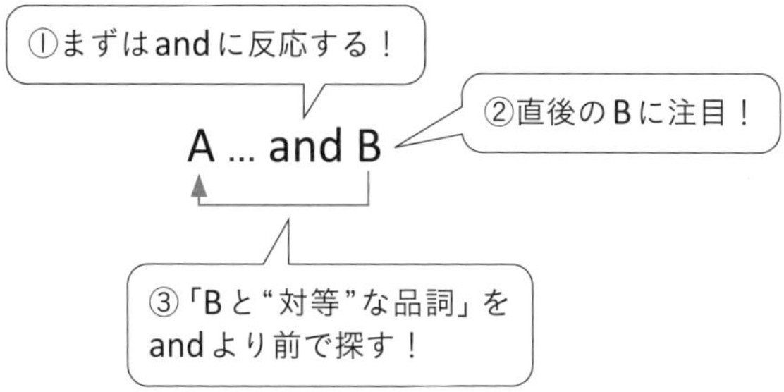
①まずはandに反応する！
②直後のBに注目！
A … and B
③「Bと“対等”な品詞」をandより前で探す！

解析

<The research [{that} we do have φ on delayed gratification]> tells us
(S) (V) (O)

〈that (O) <differences in self-control skills> (s) { are deeply rooted (v) / but / can be changed (v) }〉.

<Differences in the ability [to { focus attention / and / exercise control }]> (S) emerge (V) very early,

perhaps as soon as nine months.

指針

on delayed gratificationをどう訳す？

The research we do have on delayed gratificationがSで、tell 人 that ～ の形です。do haveは「強調のdo」です。元々はwe {do} have the research on ～ なので、**このonはresearchとの兼ね合いから「～についての（研究）」**と訳せます。

delayed gratificationは直訳「遅らされた満足感」ですが、**"形容詞＋名詞"でカタいときは、"名詞 is 形容詞"で訳すと自然**になります。「遅らされた満足感」→「満足感が遅らされること」として、ここからさらに意訳して「満足感を先延ばしすること」と考えるといいでしょう。

※入試頻出「マシュマロ実験」でよく出る表現です。「目の前のマシュマロを食べて満足感を得るのを先延ばしにする（自制心を発揮する）」といった場面でよく使います。

exerciseとcontrolの品詞は？

and直後にexerciseがあります。仮にこのexerciseを名詞と考えてみましょう。するとその後のcontrolの説明がつきませんね（controlが名詞だと「名詞が続いてしまう」、動詞だと「ここに動詞がくるのが変」）。

名詞でないのなら**exerciseは動詞**と考えられます。そうすると**直後のcontrolが名詞（目的語）**になりますね。よって、exerciseは動詞なので、andの前に動詞を探せば、to focusの部分に動詞の原形focusが見つかります。「focusして、exerciseする能力」ということです。

※exerciseは本来「使う」で（「体を使う」→「運動する」が有名）、exercise controlで「制御を使う」→「制御する・自制心を働かせる」となります。

as soon asを見たら？

普通は従属接続詞を考えますが、直後にsvがなく、s＋beの省略と考えても、主語Differencesでは意味が通らないので、これは「直後の単語を強調するas ～ as」です（有名な例では、as many as ～「～の数もの」）。たまたまsoonがきているためにまぎらわしい形になっただけです。

as soon as nine monthsで「生後9ヵ月という早さで」ということです。

和訳例

欲求の充足を先延ばしにすることに関する（すでにある）研究では、自制する能力の違いは深く根付いているが、変えることが可能だとわかっている。注意を払って自制心を働かせる能力の違いは、とても早い時期、ひょっとすると早くも（早くて）生後9ヵ月に現れるのだ。

※we do haveは「私たちが得ている（アクセスできる）研究結果」のことで、あえて訳出するなら「すでにある」や「先行研究」となります。

語句 gratification「満足すること」、self-control「自制」、be rooted「根付いている」、attention「注意」、emerge「現れる」、as soon as ～「早くも～」

チェックポイント

- ☑ andを見たら、何を結ぶか考える ◎ △ ×
- ☑ exerciseやcontrolなど「品詞の思い込み」に注意 ◎ △ ×
- ☑ “形容詞＋名詞”は“名詞 is 形容詞”で意訳できる ◎ △ ×

THEME 18

andを意識する (2)

設問 次の英文を訳しましょう。

「従来の成績のつけ方（Aなどをつける）をやめる」という話。

Ditching traditional letter grades reduces stress levels and competition among students, levels the playing field for less advantaged students, and encourages them to explore knowledge and take ownership of their own learning.

（国際教養大学／A日程／国際教養）

ナビ ditch「捨てる」

解説

テーマ andが何を結ぶか意識する (その2)

andを見たら「後ろを見てから前を探す」ことはすでに解説しましたが、A, B and Cのときも同じ発想です。ただしこの場合、それぞれの語句が長いと、"A, B"のところで一瞬何のコンマなのか混乱することがあります。「とりあえず保留したまま読み進めて、後ろに出てくるandで解決する」というパターンがよくあります。今回の"〜, levels"のところがそのポイントになります。

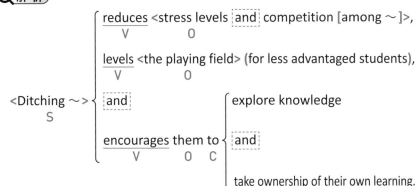

解析

<Ditching 〜> (S)
- reduces (V) <stress levels and competition [among 〜]> (O),
- levels (V) <the playing field> (O) (for less advantaged students),
- and
- encourages (V) them (O) to (C)
  - explore knowledge
  - and
  - take ownership of their own learning.

指針

文頭の-ing (Ditching) を見たら？

分詞 (直後の名詞を修飾)、動名詞 (-ing Vの形)、分詞構文 (-ing 〜, SVの形) の3パターンが考えられますが、ここではV (reduces) が続くので動名詞です。

Ditchingの意味がわからなくても、分詞ではないことは断言できます。もし分詞修飾なら gradesがSになります。複数形の主語でreducesが続くことはありえませんね。

※ditchは本来「排水溝」という意味で、「(排水溝に) 捨てる」→「捨てる・断つ」と考えてください。

levels the playing fieldのlevelsの品詞は？

“～, levels”だけを見たら名詞に見えます（その前にstress levelsという名詞があるので「言い換え」ではないかと思うでしょう）。しかし、levelsは直後にthe playing fieldと続いているので、動詞ではないかと予想できます。

and encouragesのandが結ぶものは？

and直後にencouragesがあるので、このandは「3単現のsがついた動詞を結ぶ」と考えます。ここから、andは3つのV（reduces・levels・encourages）を結ぶとわかり、levelsはやはり動詞だとわかります。

動詞levelの意味は？

本来levelは「水平線」という意味です（「水平線を超える」→「次のレベルに進む」というイメージ）。動詞の場合は「水平にする」→「平等にする」など意味があります（ちなみに慶応ではlevel off「（折れ線グラフが）横ばいになる」も出ています）。

ここではlevels the playing field「プレーする場を水平にする」→「条件を平等にする」ということです（ニュースでよく見ますし、早稲田でも出ています）。

文型は？

Ditching ～ をSにして、reduces ～ ではSVO、levels ～ も同じSVO、encourages ～ は直後に“人 to ～”があるのでSVOCです。いずれにせよ、無生物主語なので、Sは「捨てることによって」のように訳せば自然になります。**無生物主語のSVOは受動態で「SによってOが～される」、SVOCでは「Sによって、OがCする」と訳します。**

和訳例

直訳 ：伝統的な文字での成績を捨てることは、生徒のストレスの度合いや競争を減らし、有利ではない生徒のために場を平等にして、そして生徒に知識を探索し、学んだことを自分のものにすることを奨励するのである。

意訳 ：従来の文字を使った評価を捨てることで、生徒のストレスや競争が減り、恵まれない立場の生徒にとっても条件が平等になり［公平な環境になり］、さらに生徒が知識を探索し、学ぶことに責任をとるようになるのである。

※among studentsは、stress levelsとcompetitionの両方にかかる(stress levels among ～という言い方もあることから明らか)。また、encouragesの後ろにあるthemはstudentsを指す。

語句 traditional「従来の」、competition「競争」、less advantaged students「(経済的・家庭環境などの面で)恵まれていない生徒」、take ownership of ～「～の責任をとる・～を自分のものにする」

チェックポイント

☑ andを見たら、何を結ぶか考える	◎	△	×
☑ levelには名詞と動詞がある	◎	△	×
☑ 無生物主語SVOは受動態で、SVOCは「Sによって、OがCする」と訳す	◎	△	×

THEME 19

andを意識する (3)

設問 次の英文を訳しましょう。

車で遠出する際の会話で。

What if I drive for the first few hours, and then after we take a break, you can drive?

（オリジナル）

解説

テーマ andが何を結ぶか意識する(その3)/What if sv?

What if sv?「〜したらどうなる・どうする?」という形があります。この形では、Whatだけで「どうなる?/どうする?」という意味になります。What will[would] happen if 〜/What will[would] you do if 〜 などから、主節のSVが省略された形です。

※ifの後が過去形(仮定法過去)になることもあります(実現可能性が低いとき/丁寧にしたいとき)。

なんてことはない、ただの決まり文句なのですが、きちんと文法・解釈をやっていると、こういった「文法的におかしな形」でかえって混乱したり、考えすぎてしまうことがあるので、上級者ほど注意が必要です(実際、上智大などの難関大でよく出ます)。

What if you never find your wallet?
もしサイフが見つからなかったらどうするの?

What if sv? は形と意味を覚えれば十分ですが、細かいことまで触れておくと、「不安」や「提案」を示すことが多いです。上の文は不安を表し、今回の英文では提案を表しています。

解析

What (if {
I drive (for the first few hours),
(s) (v)
and then (after we take a break),
(s') (v') (o')
you can drive)?
(s) (v)

指針

What ifを見たら？

What if sv? の形を予想します。英文解釈で必ず注意すべき主節のSVが出てこないことに注意してください。I drive for the first few hoursで、ifの後のsvをとりあえず確認します（これで文が終われば簡単なのですが、まだ文は続いています）。

and thenを見たら？

andの直後は副詞thenで、構文上無視します（and thenで1つの決まり文句と考えてもOK）。その後は副詞節after we take a breakがきて、さらにyou can driveというsvが続いています。andの後に副詞要素が続いて、svがきているわけです。つまり**このandは2つのsvを結んでいます。**

andの前のコンマが気になるんだけど……

andが「SVを結ぶ」場合は、コンマを打って、**SV, and SV**の形になることが多いのです。今回は、if節の中のsvを結んでいるわけです。間違ってもコンマで大きく切ってしまい、if節が終わったと考えてはいけません。そう誤解すると、「私が運転したらどうかな。その後に休みをとって君が運転するよ」のようになってしまいます。あくまで提案は2つあるわけです（私が最初に運転→その後にあなたが運転）。

和訳例

最初の数時間は私が運転して、その後、休憩したら、君が運転するのはどうかな。

チェックポイント

- ☑ What if sv?「～したらどうなる・どうする？」 ◎ △ ×
- ☑ if節の中はsv and svの形 ◎ △ ×

THEME 20 andを意識する (4)

設問 次の英文を訳しましょう。

Whether or not particular forms of "work" can be called "child labour" depends on the child's age, the type and hours of work performed, the conditions under which it is performed and the objectives pursued by individual countries.

（慶応大学／薬）

ナビ ILO (International Labour Organization: 国際労働機関) が運営するプログラムIPEC (International Programme on the Elimination of Child Labour: 児童労働撤廃国際計画) が発表している「児童労働」についての定義

解説

テーマ **andが何を結ぶか意識する（その4）／ Whether ～ depends on ...**

whetherは従属接続詞です。従属接続詞は副詞節をつくりますが、3つ（that・if・whether）だけは名詞節もつくることができます。特に、Whether ～ or not remains to be seen.「～かどうかはまだわからない」のように、whether節がSになって（つまり名詞節になって）、Vに、remain to be seen「まだわからない」やdepend on ～「～次第だ」がくる形が頻出です。
また、この英文ではandが2つ出てきますが、それぞれ何を結んでいるのかをきちんと考えてみてください。

解析

<Whether or not <particular forms of “work”> can be called “child ～”>
S　(s)　(v)　(c)

depends on (V)
- <the child’s age>, (O_1)
- <the type and hours of work [performed]>, (O_2)
- <the conditions [under which it is performed]> (O_3)
- and
- <the objectives [pursued (by individual countries)]>. (O_4)

指針

文頭のWhetherを見たら？

副詞節（Whether ～, SV）と名詞節（Whether ～ V）の両方の可能性を考えます。ここでは**depends onを見た瞬間に「名詞節」**だとわかります。「～かどうか」という意味ですね。or notは節の最後でも、今回のようにWhetherの直後でもOKです。

※ちなみに名詞節ifの場合、×）if or not ～ がダメなだけで、if ～ or notはOKです（教え

る側ですら誤解している人もいるので念のため）。

depends onのOはいくつある？

A, B, C and Dの形で4つのOが並んでいます。1つめはthe child's age、2つめはthe type and hours of work performedです。performedが後ろからworkを修飾しています（1語でも後ろから修飾することはよくあります）。そしてof work performedが前のthe type and hoursを修飾しているのです（つまりこのandはtype and hoursをつなぐだけ）。
3つめはthe conditions under which it is performed、そしてandが出てきて「これでラストですよ」という合図になって、4つめのthe objectives pursued by individual countriesがあるわけです。
※もし記述問題で「ある仕事が『児童労働』と呼べる要因を書け」と出たら、この4つをきっちり書けることがポイントになります。記述問題でありながら構文把握力が問われます。

和訳例

直訳：特定の形式の「仕事」が「児童労働」と呼ばれることができるかどうかということは、子どもの年齢、なされる仕事の種類と時間、それがなされる条件、そして、それぞれの国に求められる目的次第だ。

意訳：ある特定の形をした「仕事」を「児童労働」と呼べるかどうかは、以下のものによって決まる。それは、子どもの年齢、行う仕事の種類と時間、労働条件、それぞれの国が求める目標だ。

語句 labour「労働」（イギリス式のつづりで、アメリカではlabor）、perform「行う」、objective「目的・目標」、pursue「追い求める」

チェックポイント

- ☑ Whether ～ depends on … の形　◎ △ ×
- ☑ A, B, C and Dの形　◎ △ ×

THEME 21

andを意識する (5)

設問 次の英文を訳しましょう。

「義務投票制」の話で、Statesは「国家」で訳してください。

States might actually benefit from increased citizen participation; since all must vote, the level of interest in and appreciation of politics is often higher.

（慶応大学／経済）

解説

テーマ andが何を結ぶか意識する(その5)

今回のandも特には難しくないのですが、きちんと取り上げられることが少ないので、本書では1つのテーマとして確認してみたいと思います。ここでは早速、英文で確認してみましょう。

解析

States might actually benefit from <increased citizen participation>; since
S V O

all must vote,
(s) (v)

<the level of { interest in / and / appreciation of } politics> is often higher.
S V C

指針

benefit fromとincreasedに注意

benefitの動詞用法に注意してください。**benefit from ～「～から利益を得る」**でよく使われます。

また、increasedは過去分詞で「増やされる」という直訳から考えれば意味は予想できるでしょうが、これはもはや1つの形容詞として覚えたほうがいいくらい頻繁に使われます。**「～の増加・～が増加すること」**などと訳すといいでしょう。たとえば、an increased risk of cancerは直訳「増やされるガンのリスク」ですが「ガンのリスク増加・ガンのリスクが増すこと」となります。

※"形容詞＋名詞"の意訳はTHEME17参照。

sinceは「旧情報の理由」を表す

sinceは従属接続詞です。「理由」を表す意味は基本ですが、**「旧情報を表す」というニュアンス**まで知っておくといいでしょう。つまり「誰もが知る理由」

や「すでに述べたことで了解済みの理由」を述べるときに使われるのです。ですから、たとえば「ご存知の通り～だから・言うまでもなく～なので」などと考えると、英文の意味がより鮮明になることが多いです。

interest in andを見たら？

まずは「いびつな形（inの後に名詞がない）」に注目しつつ、and直後を見ると、appreciation of politicsという名詞句がきています。「andは名詞句を結ぶ」と「inの後にくる名詞がほしい」という2つのことを解消する考え方をする必要があるのです。

つまりここでは**2つの「名詞＋前置詞」が結ばれている**わけです。andによって、interest inとappreciation ofが結ばれて、「その前置詞の共通の目的語」がpoliticsです。元々は、the level of interest in politics and the level of appreciation of politicsだと考えることができます。

和訳例

直訳：国家は、増加する国民の参加から実際に利益を得るのかもしれない。全員が投票しなければいけないので、政治への興味の度合いや、政治の理解の度合いがしばしばもっと高くなる。

意訳：国民の参画が増えれば、国家には実際にメリットがあるのかもしれない。（言うまでもなく）全員に投票の義務があるので、政治への関心度合いや理解度がより高くなることが多いからだ。

※最後の「～からだ」はセミコロン（;）で前の内容を補足している感じを出したものです。

語句 benefit from ～「～から利益を得る」、citizen「市民・国民」、participation「参加」、vote「投票する」、appreciation「理解・関心」

チェックポイント

- ☑ benefit fromで1つの動詞、increasedで1つの形容詞 ◎ △ ×
- ☑ sinceが理由を表すときは旧情報になる ◎ △ ×
- ☑ 名詞＋前置詞 and 名詞＋前置詞の形 ◎ △ ×

THEME 22 意外な従属接続詞

設問 次の英文を訳しましょう。

Learning to read begins the first time an infant is held and read a story.

（早稲田大学／国際教養）

解説

テーマ　意外な従属接続詞／無変化動詞の落とし穴

従属接続詞を見たら、(従属接続詞 sv), SV. といった形を意識することは基本ですね。難関大レベルになると、一見、従属接続詞に見えないものにしっかり反応することが求められます。
ここでは見落としやすい従属接続詞をチェックしておきましょう。

▶意外な従属接続詞 (1)　条件

suppose／supposing／provided／providing「もし～なら」
assuming「～と仮定すれば」　granting／granted「仮に～としても」
given「～を考慮すると／～を仮定すると」
on {the} condition「～という条件で」

しかしこれは英文法の4択問題でも出るので、上級レベルの受験生は知っていると言う人も多いでしょう。そんな受験生が意外と見落としてしまうのが、以下の「名詞から接続詞に転用されたもの」です。

▶意外な従属接続詞 (2)　時

every time／each time／any time [anytime]「～するときはいつでも」
the moment／the minute／the instant「～するとすぐに」
the first time「初めて～するとき」
{the} last time「この前～したとき」
{the} next time「次に～するときは」　※{the}は省略可能

※かなりマイナーですが、the second ～「～するとすぐに」という従属接続詞もあります。このsecondは、the first timeにつられて「2番目」と考えないでください。ここでは「秒」という意味で、the minuteの仲間です。また、「時・条件」以外ではwhilst「～する一方で」(whileと同じ意味)やalbeit「～だけれども・～にもかかわらず・たとえ～でも」などもすでに早稲田・慶応で出ています。

解析

<Learning to read> begins
S V

(the first time <an infant> is { held (v) / and / read a story). (v) (o) }
(s)

指針

Learning to read beginsが主節

動名詞Learning to ～ がS、beginsがVです。learn to ～「～するようになる・できるようになる」です。readは自動詞の場合、単に「読む」よりも「ものを・文字を読む」とか「読書する」とするほうが自然です(writeも同様に(目的語をとらない場合)「ものを書く」と訳すことが多い)。

the first timeを見たら？

これだけだと単なる副詞で「最初は」という可能性もありますが、直後にsvが続いている(an infant is ～)ことから、従属接続詞だと判断して、SV the first time sv.「初めてsvするときSVだ」と考えます。

readは何形？

and直後のreadと同じ形を前に探すと、an infant is heldという形があるので、このreadは過去分詞形です(現在形なら3単現のsが必要／過去の話でもないので過去形ではない)。つまり、is held and {is} read a storyということです。

※read・put・cost・spread「広げる」などの無変化動詞はこういった注意が必要です。

readの意味に注意

このreadは受動態で使われているわけですから、「物語を読む」と訳してはいけません。直後に名詞a storyがきていることから、本来はSVOO (read an infant a story) の形です。SVOOは「与える」が基本の意味ですから(THEME31)、「幼児に物語をあげる(読んであげる)」だと考えればOKです。その受動態なので「幼児は物語を読んでもらえる」ということです。

和訳例

直訳 ：最初に幼い子どもが親に抱えられて、物語を読まれるとき、読めるようになることが始まる。

意訳 ：幼い子どもは親に抱かれ、物語を読んでもらって初めて、もの［文字・本］を読み始める。

※今回は従属接続詞の理解を示すために、上の意訳で十分ですが、もし英文の順番を尊重するなら「ものを読み始めるのは、幼い子どもが親に抱かれ、物語を読んでもらう最初のときだ」となります。

語句 learn to ～「～するようになる・～できるようになる」、infant「幼児」

チェックポイント

- ☑ SV the first time sv. の形 ◎ △ ×
- ☑ read は常に何形なのかを意識する ◎ △ ×

THEME 23 従属接続詞whetherの特別用法

設問 次の英文を訳しましょう。

high school seniorsは「受験生」と訳してください。

The question whether to study what they are passionate about or something that will lead to a high-paying job is one that many college-bound high school seniors wrestle with.

(オリジナル)

解説

テーマ whetherの特別用法

従属接続詞whetherは副詞節だけでなく、名詞節もつくるというのは基本事項ですが、発展レベルとして次の2つのことを知っておいてください。

(1) whether to ～「～すべきかどうか」

what to ～「何を～すべきか」などの形は有名ですが、実はwhetherもtoをとります（whetherは元々疑問詞だった名残からこの用法が存在するのです）。

(2) 直前のof (about・as to) を省略できる

疑問詞節の前にあるof・about（aboutと同じ意味のas toも）は省略されることがよくあります。やっかいに思えますが、実は、have no idea what ～「何を～なのか見当もつかない」ではidea {of} what ～ のofが省略されています（そう考えないと、haveの後に名詞が2つ並んでしまうことになります）。

解析

〈The question [{of} whether to study {
<what they are passionate about φ>
or
<something that will lead to ～>]〉
S

is <one [that many college-bound high school seniors wrestle with φ]>.
V C

指針

The question whetherを見たら？

The question {of} whether ～「～かどうかという疑問・問題」と考えます。
この英文では「（解決すべき）問題」という訳がいいでしょう。
※この形をquestionの後に同格でwhetherが続いていると考えることもできます。

whether to 〜 の形

ここではwhetherの後にsvがくるのではなく、toがきています。**whether to study A or Bで「Aを勉強すべきかBを勉強すべきか」**となります。

orが結ぶものは？

等位接続詞orも、and同様に直後を見ます。somethingという名詞がきているので、その前に名詞を探して、what節と並んでいると考えます。つまり**studyの目的語がorで2つ並べられている**わけです。

ちなみにbe passionate about 〜「〜に情熱を持つ」の形で、aboutの後が欠けているのはwhat節の中だからです（whatは後ろに不完全な形がくる）。

全体の文型は？

The question whether to 〜 が長いSで、そのカタマリがa high-paying jobで終わります。isがVで、oneがCです。つまり**第2文型なので、The question＝one**だとわかり、このoneはquestionの意味だと判断できます。

和訳例

自分が強く興味を持つことを勉強すべきか、それとも給料が高い仕事につながることを勉強すべきかという問題は、多くの大学進学を希望する受験生が取り組む問題だ。

語句 be passionate about 〜「〜に情熱を持つ」、lead to 〜「〜につながる」、high-paying「給料の良い」、-bound「〜行きの・〜を決心している」、senior「最上級生」、wrestle with 〜「〜に取り組む」 ※wrestle with 〜は「〜に関して（with）レスリングのように取っ組み合う（wrestle）」→「〜に取り組む」と考えればOKです。

チェックポイント

- ☑ The question whether 〜 でofの省略　◎ △ ×
- ☑ whether to 〜「〜すべきかどうか」　◎ △ ×

文法別早見表「節をつくるもの」

	名詞節	形容詞節	副詞節
従属接続詞 that・if・whether	◎	×	◎
従属接続詞 that・if・whether 以外	×	×	◎
関係代名詞 who・which・that など	×	◎	×
関係代名詞 what	◎	×	×
関係副詞 when・where・why	○ 先行詞が省略されると名詞節扱いになる	◎	×
関係副詞 how	◎ 先行詞the wayの省略	×	×
複合関係代名詞 whoever・ whicheverなど	◎	×	◎
複合関係形容詞 whatever	◎	×	◎
複合関係副詞 whenever・ wherever・however	×	×	◎
疑問詞 who・what・when など	◎ 間接疑問文で名詞節をつくる	×	×

※細かいことまですべてを入れると表にまとまらないので、一番大事な発想のみを載せています。基本の確認として気になったときに使ってください。

Chapter

6

錯乱からの脱出

普段の常識が、時に、正しくものを見ることを阻害することがあります。どこでそのトラップに気づくか、そしてパニックになったときの脱出方法を確認していきましょう。

THEME 24 擬態を見破る

設問 次の英文を訳しましょう。

記憶力を伸ばすことで、情報を結びつけたり関連づけたりできるようになるという話。

The more facts and memories you have properly stored in your brain, the more potential you have to make unique combinations and connections.

（お茶の水女子大学／前期）

解説

テーマ 「欠ける」感覚/擬態(その1)

本書の姉妹書である『英文解釈ポラリス1』で扱った英文に、Crying is the only language newborn babies have to express their emotions, or feelings.(中京大)があります。これはhave to～「～しなければならない」に見えますが、実際には、Crying is the only language {that} newborn babies have φ to express their emotions, or feelings. で、直訳「泣くことは、新生児が持っている、～を表現するための唯一の言語」→「泣くことは、新生児が自分の感情、つまり気持ちを表現する唯一の言語なのである」となります。
このように、一見よくある熟語に見せかける「擬態」があると、その理解を問う設問がよく出題されます。

解析

(<The more facts and memories> you have φ properly stored in ～),
(o) (s) (v) (c)

<the more potential> you have φ [to make unique combinations ～].
O S V

指針

The more facts and memories you haveを見たら?
この時点では"名詞 sv"の形なので、**まずは「関係詞の省略」を考える**べきです。しかし、その後が"～, the more potential you have ～"という形になっているところを見て、**The 比較級①, the 比較級②「比較級① すればするほど、比較級② だ」の構文**だという判断に切り換えます。

どこが欠けている?
The 比較級①, the 比較級② では「比較級が前に出る」ことに伴って、**(比較級に修飾される)名詞も一緒に前に出る**ことがあります。そのときは後ろで「名詞が欠けた形」になることに注意してください。ここでは、haveの目的語が欠けています。

現在完了形have storedの目的語ではありません。現在完了の意味で解釈する内容ではない（主節も普通の現在形）ことと、properlyがこの位置にあることから判断すればOKです。**本来は、have O p.p.「Oが～される」の形**です。この場合のhaveは無理に訳出する必要はありませんし、youも「総称用法（一般の人を表す）」なので、実際には「more facts and memoriesがproperly stored in your brainであればあるほど」を骨組みにして訳します。

後半の文（主節）はどこが欠けている？

haveの後が欠けていて、**本来はhave potential to ～**というイメージです。potential to ～「～する能力」から、このtoは形容詞的用法です（このように名詞だけ前に移動して、形容詞的用法のtoが取り残されることは頻繁にあります）。

※have to ～「～しなければならない」の形ではありません。

make unique combinations and connectionsをどう訳す？

combinationsとconnectionsをv'と考えると、その前にあるuniqueはM'（副詞っぽく訳す）と判断でき、「独自に組み合わせて結びつける」と訳せます。このmakeのようにv'となる名詞を目的語にとっている場合は形だけの動詞として、訳すときは無視することもできます。

早稲田で出た英文ですが、Daniels harbored a private conviction. はconvictionをv'と考えられると、privateはM'で、harboredは無視して、「ダニエルズは密かに確信していた」と訳せます。

※harbor「抱く」を知らなくても問題ないわけです。もちろんいつも無視できるとは限りませんが、このような考え方ができる場面も頻繁にありますよ。

和訳例

直訳 ：適切に脳に蓄積されている事実や記憶が多ければ多いほど、ますますそういったことを独自に組み合わせて結びつける（潜在的な）力を持つようになる。

意訳 ：適切に脳に蓄積されている事実や記憶が多ければ多いほど、ますますそういったことを独自に組み合わせたり結びつけられたりするようになる。

※ちなみにmake combinationsは、たとえば「2つのものが同じグループに属する」と気づくことで、make connectionsは「2つのものに因果関係がある」と気づくことなどを表します。

語句 properly「適切に」、store「蓄える」、potential「潜在能力」、unique「独自の」、combination「組み合わせ」、connection「結びつき」

チェックポイント

☑ The 比較級① , the 比較級② の形では名詞が欠けることがある ◎ △ ×
☑ have toの形では、元々はhave 名詞 toということもある ◎ △ ×

THEME 25 疑問詞を変換する

設問 次の英文を訳しましょう。

During interviews, managers watch and listen to see if applicants have the “qualities” they’re looking for in a “good” employee. Similarly, tests are often used to determine the degree to which an applicant has “good employee traits.”

（上智大学／経済）

解説

テーマ 擬態（その2）／疑問詞変換

自然に訳すテクニックとして「疑問詞変換」という技があります（僕が考えた造語です）。たとえば、timeを「時間」と訳すのではなくて「いつ（when）」と訳す、wayを「手段」と訳すのではなく「このように（how）」と訳すわけです。**その名詞に対応する疑問詞に変換して訳すと自然になる**ことがよくあるのです。難しい英文になるほど（直訳でカタくなるときほど）疑問詞変換は威力を発揮します。その真骨頂とも言えるのが、以下の2つです。

> the extent [degree] to which ～「～する程度」
> → how much ～「どれくらい～するのか」
> the ease with which ～「～する容易さ」
> → how easily ～「どれくらい簡単に～するのか」

解析

(During interviews), managers watch and listen
S V

(to see 〈if applicants have <the "qualities" [they're looking for φ in a
(s) (v) (o)

"good" employee]>〉).

Similarly, tests are often used
S V

(to determine 〈the degree [to which an applicant has "～ traits]〉)."

指針

listen toの形にダマされない

普通はlisten toの後に名詞がくると予想しますが、この文ではto see if ～になっています。つまり、**watch and listenは共に自動詞**として使われ、その後にto不定詞が続いているだけなのです。この**to see if ～「～かどうか確認する」**は重要表現で、特にビジネスの英文で頻出です（今回も面接の話ですね）。
V to see if ～ は「目的（～するためにVする）」でも、「結果（Vして～する）」でもどちらで訳してもOKです（和訳例ではおなじみの「目的」で訳しました）。

if節の中は、the "qualities" の後に関係代名詞の省略で、they're looking for のforの後に名詞が欠けています。"qualities" などに引用符がついていますが、和訳に「　」をつければOKです。
※引用符は特別な意味で使われることが多く、「まあ世間で言うところの○○」とか「ある意味○○」という含みを持ちますが、和訳に反映する必要はありません。

are often used toの形にダマされない
toの後には原形determineがきているので、これはbe used to ～「～するために使われる」の形ですね。擬態ではありませんが、紛らわしいのでしっかり整理しておきましょう。

①used to 原形「よく～したものだ」「昔は～だった」
②be used to -ing「～するのに慣れている」
※toの後は-ing（toは前置詞）
③be used to 原形「～するために使われる」
※be usedは受動態／to ～ は不定詞

the degree to whichをどう訳す？
determine the degree to whichを直訳すると「～する程度を判断する」とカタい訳になるので、疑問詞変換を使って「どのくらい～するのかを判断する」とします。

和訳例

面接では、雇う側は自分たちが「良い」従業員に求める「資質」を就職希望者が備えているかどうかを見極めるために、観察し、話を聞く。同様に、就職希望者が「良い従業員の特徴」をどの程度持ちあわせているかを判定するために、試験もよく行われる。

語句 interview「面接」、manager「経営者・管理職・部長」
※この英文では、applicantと対比して、「経営者・会社側・雇う側」としたい。
applicant「志望者」、quality「資質」、employee「従業員」、similarly「同様に」、determine「判断する」、trait「特徴」

チェックポイント

- ☑ listen to 〜 というカタマリではない ◎ △ ×
- ☑ to see if 〜 をチェック ◎ △ ×
- ☑ be used to 原形 という形にダマされない ◎ △ ×
- ☑ the degree to which は「どのくらい〜するのか」と訳せる ◎ △ ×

THEME 26

文構造の整理

設問 次の英文を訳しましょう。

Television has become an inescapable force in national politics simply by magnifying for the viewer things a live audience might pass by with less notice. Its impact on the political process and on the journalism that reports that process is enormous.

（慶応大学／文）

解説

テーマ SVOM→SVMOの形

第3文型（SVO）で、Oが長いときや、OをMの後ろに移動して強調したいときに（出し惜しみ的に強調できる）**SVOM→SVMOという語順**になります（VとOの間にMが割り込む）。
このパターンは『新約聖書』にもある、Do for others what you want them to do for you.「人にしてもらいたいと思うことを、人のためにしなさい」でも使われています。doの直後にM（for others）があり、その後にO（名詞節what you want them to do for you）がきているのです。
※ちなみに、明治学院大の教育理念は“Do for Others”で、創設者ヘボン博士（ヘボン式ローマ字で知られる）が生涯貫いた精神だそうです。

“他動詞 前置詞 ～”の形を見たら、**“他動詞（前置詞＋名詞）名詞”の形を考える**ようにしてください。また、仮に他動詞の時点で反応できなくても、前置詞の後に名詞が2つ続くので、そこで気づければ大丈夫です。

解析

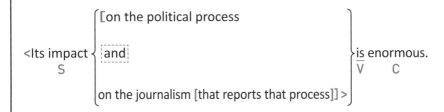

Television has become <an inescapable force> (in national politics)
S V C

(simply) (by magnifying (for the viewer)

things [{that} a live audience might pass by ϕ (with less notice)]).

<Its impact { [on the political process / and / on the journalism [that reports that process]] > } is enormous.
S V C

指針

magnifying for the viewer thingsを見たら？

全体はbecomeを使ったSVCの文で、その後にsimply by -ingが続いています。副詞simplyが副詞句by -ingを修飾して「単に～することによって」という意味になります。

ポイントはby以降です。magnifying for the viewerを見た時点で、magnify「拡大する」の目的語がなく、副詞句for the viewerの後に出てくる…… というのは理想論ですが、それに気づくのは難しいですよね。実際にはmagnifying for the viewer thingsという名詞の連続を見たときに違和感があればOKなのです。ここで、**magnifying (for the viewer) things「視聴者のために事柄を拡大すること」**と考えれば合格です。

things a live audience might pass byを見たら？

“**名詞＋sv”の形なので、関係詞が省略されています**。things {that} a live audience might pass byと考えます。さらにpass byの目的語が欠けています。「ライブの観客が見過ごしてしまうかもしれない物事」とします。

最後のwith less noticeは、lessを否定的に訳して「あまり注意せずに」くらいになります。厳密には比較級なので「ライブではないときと比べて」という含みがあるのですが、ここまで訳すとクドくなるので結果的に「あまり注意せずに」で十分でしょう。

on the journalism that reports that processの形は？

Its impact on ～「～に対する影響」で、onのカタマリ2つがandで結ばれています。

2つめのon以下the journalism that reports that processでは、「文中that・直後に動詞がきたら関係代名詞that（主格）」という原則通りに考えればOKです。

文脈から直前のjournalismだけを修飾すると判断します（andの前のprocessまで修飾すると考えるほうが形は綺麗(きれい)なのですが意味が通りません）。that processのthatは「その」という意味です。

※このreportsは動詞（3単現のsがついたもの）ですが、最初は名詞と考えてしまうかもしれません。しかし名詞（複数形のs）ならthatはthoseになるはずです。

和訳例

直訳：生で見ている観衆があまり注意せずに過ごしてしまうかもしれない事柄を、単に視聴者のために大きくすることよって、テレビは国の政治において不可避の影響力となった。政治の過程およびその過程を報道するジャーナリズムに対するテレビの影響はとても大きい。

意訳：目の前にいる観衆があまり気づかずに見逃してしまうかもしれない様々な事柄を、視聴者のために大きく取り上げることだけで、テレビというものは国の政治において、その影響力は避けられないものとなった（何かしらの影響力を持ってしまう）。政治の進展およびその進展状況を報道するジャーナリズムに与えるテレビの影響はとても大きなものである。

語句 inescapable「不可避の」、force「力」、magnify「拡大する」、viewer「視聴者」、live「生の」（形容詞で発音は「ライヴ」／ここではTVと意味上、対比されている）、audience「聴衆」、pass by「通り過ぎる・見過ごす」、notice「注意」、enormous「巨大な」

チェックポイント

- ☑ magnifying for the viewer thingsはVMOの形 ◎ △ ×
- ☑ things a live audience might pass byは関係詞の省略 ◎ △ ×
- ☑ 文中that・直後に動詞がきたら関係代名詞をまずは考える ◎ △ ×

THEME 27

省略を見抜く

設問 次の英文の下線部を訳しましょう。

ライティングの研修会で、指導者（この英文の筆者）が文章の「強み」を参加者に考えさせる話。

After a few minutes, I repeat the 'strength' people have pointed out, and only then do I feel ready to ask, 'Is there anything in the story that you were confused by? Any parts you felt should have been developed more or cut out? Anything you might do differently if it were your story?'

（九州大学／前期）

解説

テーマ 省略を見抜く

「省略が起きている」とよく聞くわりに、「省略のパターン」をまとめてチェックする機会はそうないと思います。ここでザッと確認しておきましょう。

▶ **省略のパターン**

(1) 文法上の省略

①接続詞that／強調構文のthat

②関係詞（関係代名詞の目的格以外に、主格も省略できることがある（156ページ）／関係副詞も省略可）

③副詞節中のs＋be

④“All you have to do is {to} 原形”でのto

⑤その他　{in} this way「このように」など

(2) 反復による省略

①共通関係（andで結ばれたときや前に出たことを省略することがある）

②その他（as・thanの後・代不定詞・代動詞）

(3) 会話特有の省略

①代名詞主語（意味が伝わる場合は省略可能）
{It} Looks like snow.「雪が降りそう」

②代名詞主語＋be　{Are you} Finished?「（食事が）お済みですか？」

③代名詞主語＋助動詞
{Do you} Mind if I sit here?「ここに座ってもいいですか？」

④be動詞・助動詞　{Is} Anything the matter?「何か問題でもある？」

解析

(After a few minutes), I repeat <the ‘strength’ [people have pointed out φ]>,
S V O

and (only then) do I feel ready to ask,
V S

‘Is there anything [(in the story) that you were confused by]?
V S

{Are there} Any parts [{that} you felt {that} φ should have been
V S

developed more or cut out]?

{Is there} Anything [{that} you might do φ differently (if it were
V S (s) (v)

your story)]?’
(c)

指針

Any parts you feltを見たら？

“名詞＋sv”の形なので、まず考えるべきは、**関係詞の省略**による長いSです。当然その後にはV（述語動詞）がくると考えます（“名詞＋sv V”の形）。Any parts you feltの後に、動詞should have been developedがありますが、これをVと考えると2つ問題が生じます。1つは意味「あなた方が感じた部分は～」が変です。もう1つは（ピリオドではなく）クエスチョンマークで終わっていることです。

名詞が欠けているのはどこ？

Any parts you feltで区切って変なら、その範囲をさらに広げて考えてみます。関係代名詞の後で名詞が欠けているのは「feltの後」ではなく、「shouldの前」なんです。「同じだろ」と思わないでください。feltの後には「接続詞thatが省略されている」のであって、**ここでは「shouldの主語が欠けている」**のです。Any parts {that} you felt {that} φ should ～ です（1つめのthatは関係代名詞、2つめのthatは接続詞）。ちなみにこの関係代名詞thatは「主格」ですが、直後にSVが続く場合は省略可能です。

結局、下線部は（長い関係詞節がAny partsを修飾しているだけの）名詞のカタマリなのです。

文頭に省略されているものは？

「名詞しかない」ことに加えて、「クエスチョンマークで終わっている（つまり疑問文になるはず）」ことから、SVを補う必要があります。

ここで視野を広げると、直前も疑問文（Is there anything ～?）となっています。ここから、**There is構文が反復されていて、繰り返しているがゆえに省略されている**と考えれば意味も通ります。つまりここでは、{Are there} Any parts you felt should ～ と考えればいいのです。

※長文中では「同じ形・構文」をいくつも反復して、同じ趣旨のことを連呼したり、似た例を羅列したりすることがよくあります。今回も（省略が起きてはいますが）There is構文の疑問文が（下線部の前後の文を合わせて）3連発になっているのです。

和訳例

数分したら、人々（生徒）が挙げた「強み」を私が繰り返します。そのときになって初めて以下のことを尋ねる段階に至るのです。物語の中で混乱してしまったところはありませんか。もっと広げるべきだった、もしくは削るべきだったと思う部分はありませんか。もし自分の話だとしたら違ったふうにするであろうことはありませんか。

※下線部の前にあるonly then do I feelは倒置ですね（THEME36）。

語句 strength「強み」、point out「指摘する」、be ready to ～「～する準備ができている」、be confused「混乱して」、develop「（話を）広げる」
※「発達する」が有名ですが、本来「ブワ～ッと広がる」イメージです。
cut out「省略する」

チェックポイント

☑ {Are there} Any parts ～ という省略 ◎ △ ×
☑ Any parts {that} you felt {that} ϕ should ～で2つの省略 ◎ △ ×

Chapter 6 錯乱からの脱出

THEME 28 正しい道筋を探る

設問 次の英文を訳しましょう。

sheは「(これから初めて飛行機に乗る) 祖母」を指す/過去のことを回想している文章からの一文。

I could tell from the direction of the questions she asked my father that, left to herself, she would learn nothing about aeroplanes.

(東京大学/前期)

ナビ aeroplane = airplane「飛行機」

解説

テーマ 省略を考えすぎない

今回の英文ではleft to herselfがポイントになります（実際、東大ではこの部分だけを和訳する問題が出ました）。実は東大英語では「省略」がテーマになることが多いので、東大受験生の中にも何が省略されているかに悩んだ人もいたと思われます。みなさんの場合は前項で省略を扱ったので、その延長で省略を考えてしまったのかもしれません。

しかしこれは完全に英文法の知識なのです。省略もなければ（厳密には分詞構文なのでleftの前にbeingは省略されていますが）、文脈で何かを考える問題でもありません。

妙にシンプルな形を見たときにすぐに省略だと思い込んでしまわないためにも、英文法を完璧に仕上げ、この本の考え方を吸収し、それでも知らない形が出たときに「省略ではないかな？」と考える、正しい道筋を意識するための問題です。

解析

I could tell (from the direction of the questions [she asked my father ϕ])
S V

〈that, (left to herself), she would learn nothing (about aeroplanes)〉.
O (s) (v) (o)

指針

tellの意味は？

could tellの目的語はthat節です（その間にfrom ～ が割り込んでいるTHEME26のSVMOの形です）。**can tell that ～ は「～だとわかる」という意味**になります（ここでは過去の話なので、このcouldも単なる過去形であって、仮定法ではありません）。

leftは何形？

that, left to herself, she would learn ～ の形から、that節のsvはshe would learnです。その前の**left to herselfは余分な要素→副詞要素→分詞**

構文だと考えます。つまりleftは過去分詞です。
元々は、leave A to B「AをBに任せる」という形です。leave 人 to oneself が受動態になって、人 is left to oneself「人が自分自身に任せられる」となり、これは「誰も面倒を見てくれない・相手をしてくれない」ということなので、「ひとりにされる・放っておかれる」という意味になります。これが分詞構文になったのが**left to oneself**です（このまま熟語として扱われることもあります）。
直訳は「放っておかれたら」ですが、日本語にする場合は「放っておいたら」としても自然になるので、どちらでも構いません。「ひとりで・放って・誰も構わない・好きにさせて」などの意味合いが出ていれば合格です。

和訳例

祖母が父にする質問の流れ［方向性・傾向］からしても、放っておかれたら、彼女は（祖母は）飛行機について何ひとつ学ばない（知らないまま）であろうと私にはわかった。

チェックポイント

- ☑ can tell that ～ は「～だとわかる」という意味　◎ △ ×
- ☑ left to oneself は「放っておかれると」などの意味　◎ △ ×

Chapter

7

構造把握の恩恵

高校英語で必ず習う「文型」ですが、「これが S、これは V… この文は第 1 文型」で終わらせては意味がないのです。実は「文型がわかると動詞の意味も予想できる」ことが多いにもかかわらず、その恩恵にあずかる受験生があまりにも少ないのです。この Chapter で「文型の威力」を体感してください。

THEME 29

第1文型

設問 次の英文を訳しましょう。

More than three-quarters of all emerging infectious diseases originate when microbes jump from wildlife to humans.

（慶応大学／医）

解説

テーマ　第１文型の動詞の意味を予想する

文型を把握することは英文の構造を理解するためですが、ときに、「知らない動詞の意味をある程度予想できてしまう」というメリットがあります。

▶文型ごとの代表的な「動詞の意味」

	代表的な意味	代表的な動詞の例	例外
第１文型 (SVM)	「いる・動く」	live「住む」 walk「歩く」	look「見る」 die「死ぬ」など
第２文型 (SVC)	「イコール」の意味	be「なる・〜である」 seem「〜のようだ」	——
第３文型 (SVO)	様々な意味があり、１つに決まらない ※第３文型だけは単語力勝負だが、SV that 〜 の場合は「認識・伝達」の意味になる（THEME30）		
第４文型 (SVOO)	「与える」	give「与える」 show「見せる」	take型「奪う」 （THEME32）
第５文型 (SVOC)	「OにCさせる」 「OがCだとわかる」	make「させる」 find「わかる」	——

第１文型の動詞は「存在・移動」の意味で使われることが多いです。もちろん例外もありますが（lookなどの簡単な動詞に多い）、もし知らない動詞であっても、それが第１文型だと判断できれば「存在・移動（いる・動く）」と考えてみると意味がわかってしまうことがよくあります。

解析

<More than three-quarters of all emerging infectious diseases>
S

originate (when microbes jump from wildlife to humans).
V (s) (v)

Chapter 7 構造把握の恩恵

指針

この英文の文型は？

More than ～ が長いSで、originateがV、when ～ は副詞節なので、全体は**第1文型**です。originate「始まる」の意味は難しくはありませんが（origin「起源」やoriginal「本来の」と関連づければ簡単）、もし知らない場合（もしくは知っていても覚えている意味でピンとこない場合）は**「存在・移動」**から考える練習として取り組んでください。ここでは「（感染症が）存在する」→「出てくる・生まれる・始まる」くらいに意訳すればOKです。

他の動詞も同様に考える

emerging「新興の」は、最近の早慶レベルの英文では知っておくべき単語です（emerging countries「新興国」でよく使われる）。ちなみに元の動詞emerge「出現する」も第1文型でよく使われますが、これも「存在・移動」の意味をベースにしていますね（THEME17）。

また、副詞節（when節）内での文型もmicrobes jump from ～ という第1文型で、動詞jumpは（知らない前提で考えれば）これも「存在・移動」の意味だとわかります。直後にfrom ～ to ... があるので「移動する」と判断できます。ここでは「ジャンプする」よりまさに「移動する」のほうが自然ですね。

和訳例

直訳：すべての新興の感染症のうち4分の3以上は、微生物が野生生物から人間に飛び移ったときに始まる。

意訳：新しく出てくる感染症（新興ウイルス・出現ウイルス）の4分の3以上は、微生物が野生生物から人間に移ったときに発生する。

※more than ～ は厳密には「～以上」ではなく「～を超えて」ですが、ここでは「4分の3以上」でも問題ないでしょう。

語句 infectious disease「感染症」、microbe「微生物」、wildlife「野生生物」

チェックポイント

☑ 第1文型の動詞は「存在・移動」　◎ △ ×

THEME 30 第３文型（SV that ～）

設問 次の英文を訳しましょう。

In May, a court in Austria ruled that Facebook must take down specific posts that were considered hateful toward the country's Green party leader.

（慶応大学／総合政策）

ナビ Green party「緑の党」

解説

テーマ　SV that ～ のVは「認識・伝達」

前項で「第3文型だけは単語力勝負」と書いたのですが、無数にある**第3文型の中で、SV that ～ という形をとるVは「認識・伝達」の意味**になるのです。もしVの意味がわからなくても直後にthatをとっていれば、とりあえず「思う」か「言う・伝える」と訳せば意味が通ります。ぜひこの技は利用してください。

※例外はbe動詞・"SV＋[Sの説明]"の形（THEME11）・「提案する」という意味のsuggestなどの動詞（命令系統の動詞）ですが、beを知らない人はもちろんいませんし、suggestなどは「仮定法現在」という項目で習います。

たとえば、I venture that the Giants win this game. では、ventureの名詞「冒険」は知っていても、動詞「思い切って～と言う」の意味は知らないでしょう。でも形に注目すれば「私はジャイアンツがこの試合に勝つと言う・思う」と大体の意味は理解できてしまうのです。実際の試験でも「思い切って」を訳出するのが難しいので「言う」で十分です。

解析

(In May), <a court in Austria>(S) ruled(V) 〈[that](O) Facebook(s) must take down(v) <specific posts(o) [that were considered hateful toward the country's ～]>〉.

指針

ruledをどう訳す？

動詞ruleの「支配する」の意味は知っていても、「判決を下す・裁定する」といった意味はあまり知られていません。今回の英文のように、ネット上のトラブルに関する英文がよく出るので、今後は絶対に知っておくべき単語ですが、知らない場合は**「直後にthat節をとっている」という形から「思う・言う」系統の意味**で予想すればOKです。Sはa court in Austriaなので、「言う・伝える」から「判決を下す」という意味は予想できてしまいます。

※ネット関係でよく出るtake down「(ネットへの投稿・ウェブページなどを) 削除する」やpost「投稿」もチェックを。

和訳例

5月には、オーストリアの裁判所が、Facebookは同国の緑の党の党首に対するヘイトスピーチだと考えられる特定の投稿を削除しなければならないという判決を下した。

語句 court「裁判所」、take down「削除する」、specific「特定の」、post「投稿」、consider OC「OをCだと思う」、hateful「憎しみに満ちた」、party「政党」

チェックポイント

☑ ruleの意味は重要だが、SV that ～ の形なので予想可能　◎ △ ×

THEME 31

第4文型／so～that...構文

設問 次の英文を訳しましょう。

Animal experimentation does more harm than it does good. The suffering inflicted on animals by medical experiments is so great, say the liberationists, that no consequences those experiments may produce can justify it.

（東京大学／後期）

解説

テーマ　第４文型の動詞／so ～ that ... 構文

第４文型（SVOO）、つまり“V 人 物”の形をとる動詞は、原則「与える」という意味になります。簡単な例で言えば、teach「教える」は「知識を与える」、lend「貸す」は「一時的に与える」ということです。一部の例外（THEME32）を除いて、知らない動詞は「与える」と考えれば意味がとれます。
たとえば、Her impressive sales results earned her a promotion to assistant manager.「彼女は見事な営業成績を収めたので、係長に昇進した」となります。これはearn 人 物の形なので「人に物を与える」と考えればOKですね（辞書には「もたらす」と載っています）。直訳「成績は彼女に昇進を与えた」です。

また、SVOOで注意が必要なのが、doで、do 人 物のとき、物にくるのは利害関係の名詞（good「利益」／harm・damage「害」／justice「公平」／a favor「親切」／honor・credit「名誉」）と決まっています。Could you do me a favor? は「私に1つ親切（a favor）を与えてくれませんか？」→「1つお願いがあるのですが」という理屈です。

解析

<Animal experimentation> does more harm (than it does good).
S V O

<The suffering [inflicted on animals by medical experiments]> is
S V

so great, say <the liberationists>,
C V S

(that <no consequences [those experiments may produce ϕ]>
(s)

can justify it).
(v) (o)

指針

does more harmを見たら？

do more harm than good「有害無益である」という表現が重要なので、これを思い浮かべるようにしてください（doの後の人が省略されている）。今回はthanの後にit doesが省略されずに書かれていますが、同じ意味です。

※有名な表現なので本書では少し簡単だと思いますが、確実に知っておいてほしいのと、自由英作文でも役立つので、ここで取り上げました。

so greatを見たら？

soは本来「それほど」という意味なので、「それほどgreatだ」と言われたら「どれほど？」と気になるものです。だからこそ、**その「どれほど？」に答える表現を探す姿勢があれば、どんなにthatが離れても気づける**ようになります（so ～ that ...「とても～なので…だ」）。

noをどう訳す？

これは「文頭のno」と言えますね（that節の後からあらたにsvが始まるので）。**文頭のnoはnot ～ any ...「どんな…も～でない」に分解して訳す**と自然になります（THEME51）。ここでは「いかなる結果であっても～正当化できない」と訳せます。

※justify「正当化する」も難関大で超重要単語です。簡単に言えば「許す・OKを出す」という意味です。

参考：doの追加英文

doの後ろにjusticeがくる形は、**to do 人 justice「人を公平に判断すれば」**という形が有名です。むしろこれしか教わらないでしょうが、みなさんはこの熟語の発展形として、「公平に判断する」→「正当に評価する・良い点をありのままに伝える」といった英文にも対応できるようにしておきましょう。

Simply saying that her dishes are tasty doesn't do her culinary creations justice.

「ただ彼女の料理がおいしいというだけでは、彼女の創作料理手を十分には評価していない」

※culinary「料理の」

和訳例

動物実験は益よりも害の方を多くもたらす。医学実験によって動物が受ける苦痛はあまりにも大きいため、こういった実験により導き出される、いかなる結果であっても、その苦痛が正当化されることはないと解放論者は言う。

語句 experimentation「実験」、suffering「苦痛」、inflict「(苦痛などを) 与える・苦しめる」、experiment「実験」、liberationist「解放論者」、consequence「結果」、justify「正当化する」

チェックポイント

- ☑ do more harm than goodの形 ◎ △ ×
- ☑ soは「それほど」 ◎ △ ×
- ☑ 文頭のnoはnot ～ any ... に分解して訳す ◎ △ ×

THEME 32

SVOO（take型の動詞）（1）

設問 次の英文を訳しましょう。

エジソンの「私は失敗などしていない。うまくいかない要因を1万通り発見するのに成功した」という話。

Most American children, however, are denied the freedom to think creatively, experiment, and be wrong in ten ways, let alone ten thousand.

（早稲田大学／理工）

解説

テーマ SVOO　take 型の動詞（その1）

“V 人 物”の形で、「与える」の真逆で「人から物を奪う」という意味になる特殊な動詞（take型）があります。数は少ないので、これさえ覚えてしまえば、後は知らない動詞を「与える」と訳す裏ワザが自由に使えるようになります。

▶ take型　　基本形：take 人 物「人から物を奪う」

take 人 時間	「人に時間がかかる」	※「人から時間を奪う」
cost 人 金・命	「人に金がかかる／人の命が犠牲になる」	※「人から金・命を奪う」
save 人 手間・金	「人の手間が省ける／金が節約できる」	※「人から手間・金を奪う」
spare 人 手間	「人の手間が省ける」	※「人から手間を奪う」
owe 人 金	「人から金を借りる」	※「人から金を（一時的に）奪う」
deny 人 物	「人に物を与えない」	※「人から物を（一時的に）奪う」
refuse 人 物	「人に物を与えない」	※「人から物を（一時的に）奪う」

※“spare 人 物”の形にはgive型「与える」とtake型「奪う」の両方の意味があります。spare 人 時間・金 はgive型「与える」、spare 人 マイナス単語（troubleなど） はtake型「奪う」です。

解析

<Most American children>, (however), are denied
S V

the freedom [to { think creatively, / experiment, / and / be wrong in ten ways, ～].
O

指針

are denied the freedomを見たら？

人 is denied 名詞 の形なので、**元々はdeny 人 物「人に物を与えない」**の受動態だと考えます。ここでは「～する自由を与えられていない」となります。

experimentの品詞は？

andがあるので、直後のbeに注目します。前に動詞の原形を探すと、thinkが見つかります。ここではA, B, and Cの形で、think creativelyとexperimentとbe wrong ～ が結ばれているのです。ということは、**このexperimentは動詞**だとわかります。

和訳例

直訳 ：しかし、アメリカのほとんどの子どもたちは、創造的に考え、実験をして、10通り、ましてや1万通りに間違えるという自由を与えられていない。

意訳 ：しかし、アメリカのほとんどの子どもたちは、創造的に考え、実験をして、10通り、ましてや1万通りの失敗をすることなんて許されないのだ。

※「～する自由を与えられていない」→「自由に～できない」→「～するのが許されない」

語句 creatively「創造的に」、let alone ～「(否定の後で) ～は言うまでもない・ましてや～ない」

チェックポイント

☑ deny [人] [物] は「奪う」系のtake型動詞 ◎ △ ×
☑ experimentの品詞は構造から判断する ◎ △ ×

THEME 33

SVOO（take型の動詞）（2）

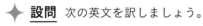

設問 次の英文を訳しましょう。

Not all medical school students have what it takes to be a doctor.

（オリジナル）

解説

テーマ **SVOO　take 型の動詞（その2）**

take 人 時間「人に時間がかかる」の延長上の **what it takes to 〜「〜するのに必要なもの」**はあまり知られていません（難関大では出ます）。
まず、It takes 人 物 to 〜「〜することは、人から物（才能など）を奪う」→「人が〜するのには物（才能など）が必要だ」となります（Itは仮主語、to 〜が真主語）。この人はよく省略されます。さらに、物が関係代名詞whatになり先頭に出ると、what it takes φ to 〜「〜するのに必要なもの」となります。
このwhat it takes to 〜 はhaveのOになって、have what it takes to 〜 でよく使われます。直訳「〜するのに必要なものを持っている」→「〜する素質がある・〜する能力がある・〜する器だ」と訳すと自然になることが多いです。
※英英辞典にはhave what it takes (to do something)がそのまま見出し語として載っていることも多いです。

解析

<Not all medical school students> have <what it takes φ to be a doctor>.
S　V　O

指針

have what it takes toを見たら？
have what it takes to 〜 は「〜する素質がある・〜する能力がある・〜する器だ」ですね。
Not allは部分否定なので「すべてが〜というわけではない」と訳します。

和訳例

すべての医学部生が医者になる素質を持っているというわけではない。

チェックポイント

☑ what it takes to 〜 は「〜するのに必要なもの」　◎ △ ×

THEME 34

SVOCの訳し方

設問 次の英文を訳しましょう。

International demand for black rhinoceros horn has seen the animals killed relentlessly for decades in countries such as Namibia, Zimbabwe and South Africa.

（防衛大学校／前期（1次）／人文・社会科学・理工学）

解説

テーマ SVOCの自然な訳し方

▶ **SVOCを自然に訳す**

	S	V	O	C
英文中での働き	M'（原因・理由）	×（無視 or 助動詞・副詞的）	s'（主語）	v'（動詞）
和訳	「Sによって」	（ナシ or 動詞に ＋αの意味）	「Oが」	「Cする・Cになる」

☑ **「Sによって」の詳述**

SVOCでのSは「原因・理由」になるので（M'と表記）、「Sによって」と訳します。文脈次第で、プラス内容なら「Sのおかげで」、マイナス内容なら「Sのせいで」にするとさらに自然な日本語になります。

※「人が主語」の場合は今まで通りでOKです。I want you to come.「私はあなたに来てほしい」を、わざわざ「私によって」と訳す必要はありません。

☑ **V部分の詳述**　※可能な限りV本来の「ニュアンス」を和訳に盛り込む

①動詞の意味を知らない場合：無視して、訳出しない
　※当然、時制は考慮する（-edであれば、v'を過去形で訳す）
②動詞の意味を知っている場合：v'に、適切な助動詞や副詞のニュアンスを加える

SVOCとわかったら、Vの訳そのものは無視してOKです。というより無視したほうが綺麗に訳せることがほとんどですが、その動詞のニュアンスを加える場合もあります（THEME35で触れます）。

※「Cに形容詞・名詞がきたとき」は形容詞・名詞をv'と考えると無理が生じるときがあります。そのときは単純にO＝C「OがCだ」と考えればOKです。

☑ **OCがメインになる**

SVOCの形では英文のメインはOCになります。だからこそ「SによってOCという状態が生じる」という流れで訳す必要があるのです（もし「SはOCさせる」式で訳すと、意味の重点が「Sはさせる」にきてしまうのです）。

解析

<International demand [for black rhinoceros horn]> has seen the animals killed relentlessly (for decades) (in countries such as Namibia, ～).

(S: International demand [for black rhinoceros horn] / V: has seen / O: the animals / C: killed)

指針

has seenを見たら？

知覚動詞seeの可能性を一番に考え、**SVOCを予想**します。the animalsがOで、killed ～ がCです。大枠は「International demandによって、the animalsがkillされている」となり、無理にseeを訳出する必要はありません。ちなみにblack rhinoceros「クロサイ」は難しい単語ですが、the animals「その動物たち」とあるので、少なくとも「角（horn）を持つ動物」だと予想することはできます。

※海外で「サイの密猟」が問題となっているため、ニュースでrhinoceros（rhino）「サイ」は意外とよく出てきます（英検準1級の長文でも出ました）。

such asの訳し方

A such as Bは「BのようなA」と習います。これで問題ありませんが、**「A、たとえばB」**と訳すテクニックも知っておいて損はありません。

和訳例

直訳：クロサイの角の国際的な需要は、ナミビア、ジンバブエ、南アフリカのような国々で何十年にもわたり、その動物が絶え間なく殺されているのを目撃しています。

意訳：クロサイの角が各国で需要があることで、とある国々、たとえばナミビア、ジンバブエ、南アフリカでは、何十年にもわたり、クロサイが容赦なく殺されているのです。

語句 demand「需要」、rhinoceros「サイ」、horn「角」、relentlessly「絶え間なく・容赦なく」、for decades「何十年にもわたって」

チェックポイント

- ☑ seeを見たらまずはSVOCを予想する ◎ △ ×
- ☑ SVOCは「Sによって OCだ」と訳す ◎ △ ×
- ☑ A such as Bは「BのようなA」「A、たとえばB」 ◎ △ ×

THEME 35 SV 人 to 原形

設問 次の英文を訳しましょう。

「学校嫌いの子ども」の話。

Getting the child back into the classroom on a regular basis breaks a vicious cycle and permits his will for independence to take over.

（早稲田大学／商）

解説

テーマ　SV 人 to 原形

英語では“SV 人 to 原形”という形が無数にあります。この形はSVOCになるので、前項の訳し方を使って「SによってOがCする」と訳せます。すると、仮にVの意味がわからなくても、英文の大枠はわかってしまうのです。
もしVの意味を知っていて、何かしらのニュアンスを加えたほうがいい場合は、そうすることでより良い訳になります。たとえばenable「可能にする」であれば「できる」、force「強いる」であれば「しなければならない」という意味を加えるわけです。

解析

<Getting the child back into the classroom on a regular basis>
S

breaks <a vicious cycle>
V O

and

permits <his will [for independence]> to take over.
V O C

指針

文頭のGetting the childを見たら？

動名詞か分詞構文のどちらかだと考えます。Getting the child back into the classroom on a regular basisが1つのカタマリで、その後にbreaksがあるので、**Getting ～ はS（つまり動名詞）**だとわかります。直訳なら「戻すこと」と訳せます。

on a ～ basisは「～の土台で」→「～の頻度で」という熟語で、on a daily basis「毎日」、on a weekly basis「毎週」、on a monthly basis「毎月」などと使われます。今回のon a regular basisは「定期的な頻度で」→「定期的に」

です。

andが結ぶものは？

and直後のpermitsを見て、前にある**breaksという動詞を結んでいる**のがわかります。主語はGetting ～ で共通ですが、breaks a vicious cycleはSVOで、andの後のpermits his will for independence to take overはSVOCになっています（SV 人 to ～ の形で、今回は人にhis will「彼の意志」がきている）。

Sをどう訳す？

今回のように「Sが共通しているのに、文型が違う（V以降の形が揃っていない）」ことはよくあります。ただし揃（そろ）っていないとはいえ、**「Sによって」と訳す点は同じ**です。無生物主語のSVOは受動態で訳すと自然になりますし、SVOCは言うまでもなく「SによってOCだ」と訳すからです。
和訳の大枠は「Getting ～ によってa vicious cycleがbreakされて、his will for independenceがtake overする」となります（permit「許可する・可能にする」は無理に訳出する必要はないでしょう）。
take over「主導権を握る・優位になる」です（takeは「とる」、overは「全体を覆う」感じで、前にあったものに変わって主導権を握り、それが乗っとって優勢になるイメージ）。

take overを知らない場合

OCが「s'v'の関係」なので、his will for independenceがs'に、take overがv'と考えます。**ここのs'v'においてtake overは第1文型の動詞**だとみなせます（overは副詞）。第1文型の動詞は「存在・移動」なので、要は「自立心が存在する」と考えれば、大体の意味は予想できてしまうのです。

※take overのこの意味を知らない人が多いでしょうが、それでもある程度の意味は予想できるわけです。

和訳例

直訳：子どもを定期的に教室へ戻すことは、悪循環を壊し、その子の自立への意志が優勢になることを許すのだ。

意訳：子どもが日常的に学校に通うようになることで、悪循環が断ち切られ、その子の自立心が芽生えるのだ。

語句 on a regular basis「定期的に」、vicious cycle「悪循環」、will「意志」、independence「自立」、take over「主導権を握る・優位になる」

チェックポイント

☑ Sは共通、前半はSVO、後半はSVOCという形	◎ △ ×
☑ SV 人 to ～ はSVOCになる	◎ △ ×
☑ 第1文型の動詞は「存在・移動」	◎ △ ×

参考 「主格の省略」の詳細

「目的格の関係代名詞が省略できる」というのは常識ですが、ある特定の状況では「主格の関係代名詞が省略できる」ときもあります。頻出事項ではないのですが、確認する機会もあまりないので、一応ここに載せておきます。

(1)直後に"sv"がきたとき　※目的格との混同から省略される

□補語の働きをする関係代名詞の役割をするとき
He is not the man {that} he once was.「彼は昔の彼ではない」
□"(　　) SV v"のパターン
I was deceived by a man {who} I thought was my friend.
「僕は、友達と思っていた男にだまされたんだ」
□"there is"がきたとき　※there isがsvに見えるためだと思われる
This is all {that} there is to this story.
「この話に関しては、これがすべてです」
※all there is to ～ は直訳「～に対して(to)存在する(there is)ものすべて(all)」→「～に関してのすべて」という決まり文句です。

(2)There is ～ 構文／Here is ～ の後で

※文法書に載っているが、この省略を認めないネイティブも多い

There is somebody {who} wants you on the phone.
「あなたと電話で話をしたいという人がいますよ」
※There isは「新情報がくる目印」で、単なるイントロ・合図程度の役割と化してしまったイメージです(There isの後に「本来のSV」がきた感覚)。

※(1)で出たall there is to ～ とは別モノで、この(2)はThere isの「後での」省略です。

【＋α】"主格＋be動詞"のセットでも省略される

主格の関係代名詞はbe動詞とセットで省略されることもあります。
those present「出席者」の本来の形は、those {who are} present です。

Chapter

8

英文の調律

倒置を見抜くことは正しい英文読解に欠かせませんが、「この文は倒置になっています」という結果論だけでは、自ら倒置を見抜くことも、まして書き手の真意を掴むこともできません。このChapterでは倒置のパターンを知り、最終的に和訳で倒置をどう表現すべきかまで習得していきます。

THEME 36

強制倒置 (1)

設問 次の英文を訳しましょう。

it は「社会的な単位としての国家の崩壊」を指すのですが、ここでは「それ」と訳して構いません。

Only if it were to be accompanied by ethnic violence or severe economic collapse would it be life-threatening.

(一橋大学／前期)

解説

テーマ　強制倒置（その1）

「倒置」には2種類あり、**順番が入れ替わるだけの「任意倒置（文型ごとにパターンが決まっている）」**と、**文頭に否定語がきたとき、疑問文の語順になる「強制倒置」**があります。

まずは強制倒置を扱います。倒置といっても「形が変わる」だけで、「意味」は変わらないので、普通の語順のつもりで訳せばOKです。

強制倒置は英文法書で必ず出てくる基本事項ですが、(1) only「～しかない」のような**意外な否定語に注意**する、(2) 否定語の直後に倒置がくるとは限らず、**「否定語の後ろに副詞が割り込む形**“[否定語]（[副詞]）VS.”も頻繁にある」ということに注意してください。

解析

(Only) ([if] it were to be accompanied by ethnic violence [or] ～)
　　　(s)　　(v)

would it be life-threatening.
V　S　　C

指針

Only ifを見たら？

文頭のOnlyの後に副詞節if ～ が割り込んだ形だと考え、**Only if sv VS**の形を予想します。would it beを見て、ここが倒置になっているとわかります（ここから主節が始まるのは明らかなので、わざわざsevere economic collapseの後にコンマを打たないのです）。

全体は直訳「もしsvしたときだけSVだ」→「svした場合のみSVだ」とすればOKです（ifを「場合」と訳すテクニックは便利なので知っておいてください）。

were toを見たら？

未来のことに対する仮定法です。**were toは厳密には「実際に起きるかは関**

係なく、あくまで仮の話だが」というニュアンスを持ちますが、訳出する必要はありません（頭の中で理解できれば十分でしょう）。主節には仮定法の目印となる助動詞の過去形（would）がきています。

be accompanied byをどう訳す？

accompany「伴う」の受動態ですが、直訳「〜によって伴われる」だと不自然な日本語であり、内容もよくわかりません。この動詞は「メインとサブ」の関係を意識してください。

accompanyの使い方

"[サブ] accompany [メイン]"	「[サブ]は[メイン]に伴う」
"[メイン] is accompanied by [サブ]"	「[メイン]には[サブ]が伴う」

itがメインで、**ethnic violence or severe economic collapse**がサブというだけなので、「それ（国家の崩壊というメインの出来事）に、暴力や崩壊というサブが伴う」ことを訳出すればOKです。

和訳例

それ（社会的な単位としての国家の崩壊）に、民族的暴力や深刻な経済破綻が伴った場合のみ、それが生を脅かすものになるだろう。

語句 ethnic「民族的な」、violence「暴力」、severe「深刻な」、economic「経済の」、collapse「崩壊」、life-threatening「生命を脅かす」

チェックポイント

- ☑ Only if sv VSという倒置の形　◎ △ ×
- ☑ 未来の仮定を表す形（If s were to 〜, SV）　◎ △ ×
- ☑ be accompanied byはサブとメインを意識する　◎ △ ×

THEME 37 強制倒置 (2)

設問 次の英文を訳しましょう。

Under no circumstances are you to tell anyone about our agreement.

（オリジナル）

解説

テーマ　強制倒置（その2）

前項に続いて強制倒置の注意点を1つ追加しますが、「前置詞のカタマリが否定語になる」パターンにも慣れておいてください。
Under no circumstances「どんな状況であれ～ない」や、At no time「決して～ない」など、「前置詞の目的語に否定語がある」→「前置詞句全体で1つの否定語扱い」というパターンがあります（さすがに前置詞の前にnoが飛び出ることはありえないので、こういう形になります）。

参考：文頭の否定語で倒置が起きないとき
前置詞句に否定語があっても、「主語を修飾するだけのNo・Not」では倒置は起きません。「No＋名詞／Not＋名詞が主語のときは倒置しない」と考えれば解決します。

Not a single voice was heard.「人声ひとつ聞こえなかった」
※“Not＋名詞”で「1つの主語」にすぎない。

ほかにも、No doubt SV.「疑いなく、SVだ」／Not surprisingly, SV.「驚くことではないが、SVだ」／In no time SV.「すぐにSVだ」などでは「結局は肯定文の意味」なので、倒置は起きません。

In no time the tired children fell asleep in the car.
疲れ切った子どもたちは車の中ですぐに眠りに落ちた。

解析

(Under no circumstances) are you to tell anyone (about our agreement).
are = V, you = S, to tell = V, anyone = O

指針

Under no circumstancesを見たら？

文頭が否定語（を含む前置詞句）なので、この後に倒置を予想します。are you to ～ を見て倒置を確認すればOKです。主節の元の形は、you are to tell ～ というbe to構文です。be to ～ は本来「（これから）～することになっている」という意味が根底にあり、ここでは否定文なので「～することにはなっていない（それが決まりだ）」→「～してはいけない（ことになっている）」くらいに訳せばいいでしょう。

Under no circumstancesの訳し方

文頭のnoはnot ～ any ...「どんな…も～でない」に分解して訳すとうまくいくので（THEME51）、今回もそれを利用して「どんな状況であれ～ない」とします。

全体は「どんな状況であっても、あなたは私たちの契約（取り決め）のことは誰にも話してはならない」となります。

ちなみに、Under no circumstances are you to ～ の形は「相手に注意をする」ときによく使われます。

和訳例

直訳：どんなときであっても、我々の契約のことは誰にも話してはいけません。

意訳：いかなる事情があっても、我々が同意したことに関して口外してはいけません。

語句 agreement「取り決め・契約（書）」

チェックポイント

☑ Under no circumstancesが文頭の否定語になり、倒置が起きる ◎ △ ×

THEME 38

任意倒置 (1)

設問 次の英文を訳しましょう。

Out of the tunnel shot the high-speed train.

（オリジナル）

解説

テーマ 任意倒置 (その1)

強制倒置とは違う、「任意倒置」というものがあり、これは語句の順番が入れ替わるだけで、しかも**文型ごとにパターンが決まっています**。

▶任意倒置：文型ごとのパターン

第1文型	SVM → MVS	※Mが前に出て、SVが入れ替わる／Mは場所などの副詞
第2文型	SVC → CVS	※S＝Cで、左右が入れ替わるだけ
第3文型	SVO → OSV	※Oが文頭に出るだけ
第4文型	SVOO → OSVO	※Oが文頭に出るだけ
第5文型	SVOC → OSVC	※Oが文頭に出るだけ／OSV as ～のパターンもアリ
	SVOC → SVCO	※O＝Cで、左右が入れ替わるだけ

※ちなみに第1文型・第2文型で「Sが代名詞の場合」は、倒置が起きません（第1文型はMSV、第2文型はCSVになります）。これは代名詞という明らかな情報（情報としての価値が低い）を文末の大事な箇所に置くのを避けるためです。　例：Under the tree he sat.「その木の下に彼は座った」

解析

(Out of the tunnel) shot <the high-speed train>.
M　V　S

指針

Out of the tunnelを見たら？

すぐに「倒置を考える」と思ってはいけません。**文頭に副詞句がきて、その後にSVがくるのは普通のことなので**、まずはSVを考えます。**その後に、動詞shotを見て、MVS**だと考えます。the high-speed trainがSです。

ただ、厳密には「shotは過去分詞で、直前のthe tunnelを修飾している」という可能性もあります。その場合、「意味が変（撃たれたトンネル）」と考える、「直後に名詞がきているのが変」と考える、決め手としては「the high-speed

trainで文が終わってしまう（Sが出てこない）」ところで過去分詞ではなく過去形だと気づけます。
※こういった可能性を考えていくのが英文解釈なのです。

shotの意味は？
shotはshoot（他動詞「撃つ」が有名）の過去形です。ここではMVSの形なので自動詞だとわかります。自動詞の意味を知らない（もしくは「撃つ」から予測できない）場合でも、**第1文型なので「存在・移動」**と考え、out of ～「～の外へ」から、「移動する」→「出てくる」と考えれば十分に意味を伝えることができます（実際、辞書には「勢いよく飛び出す」といった意味が載っています）。

和訳の順番は？
倒置になっても英文の内容そのものは変わりません。伝える順番が変わることで、英文の「印象」が変わるのです。入試の和訳問題の場合、基本的に以下のどちらでも得点をもらえるはずです。

基本：元の形に戻して訳す　※「倒置を見抜いてますよ」というアピールになる
応用：英文と同じ語順で訳す（助詞を活用する）
※英文の印象をそのまま伝えられる

以下、「直訳」では「元の形に戻して」訳し、「意訳」で「英文と同じ順番で」訳しています。

和訳例

直訳：高速列車がトンネルから出てきた／トンネルから高速列車が出てきた。
意訳：トンネルから（勢いよく）出てきたのは高速列車だった。

チェックポイント

☑ 副詞句の後に動詞がきたらMVSを考える　◎ △ ×
☑ 第1文型の動詞は「存在・移動」　◎ △ ×

THEME 39 任意倒置 (2)

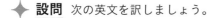

設問 次の英文を訳しましょう。

While hundreds of millions of people the world over wear contact lenses, some people still prefer glasses. Among the advantages of glasses over contact lenses is that they are practically maintenance free.

（オリジナル）

解説

テーマ 任意倒置（その2）

今回も任意倒置を扱います。今回の英文は第何文型の倒置だと考えましたか？ものすごく勘違いの多いところなんです。ヒントはamongの使い方にあります。

解析

(While hundreds of millions of people (the world over) wear contact lenses),
(s) wear (v) contact lenses (o)

some people still prefer glasses.
some people = S, prefer = V, glasses = O

[Among the advantages of glasses over contact lenses] is <that ～>.
[Among ... lenses] = C, is = V, <that ～> = S

指針

Whileを見たら？

While sv, SVの形を考えます。このwhileは「対比」を表します。
主節のsome peopleは「～な人もいる」と訳します。

Amongを見たら？

amongは前置詞なので、**普通はAmong ～ SVの形を予想**します。ところがAmong the advantages of glasses over contact lensesの後にはisが出てきます。よって、**倒置（Among ～ VS）**と考えます。
ちなみにthe advantages of A over B「AのBを上回る優位」→「AがBより優れている点」では、over「～の上に」を使うことに慣れておきましょう。

be amongの意味は？

isの後に出てくるthat節がSです。本来はThat they are practically maintenance free is among ～ということになります。ここでは**be among ～「～のひとつだ」**という意味がポイントになります。「たくさんあるものの間にある」→「〜のひとつ」ということです。

※このamongの意味は下線部和訳で狙われる基本事項ですが、見落とす受験生はすごく多いです。

第何文型の倒置？

Among 〜 VSという倒置だけを見ると、つい「第1文型の倒置」と答えてしまう受験生が大半なのですが、be among 〜（＝be one of 〜）を考えると、**これはSVCであり、今回はその倒置のCVS**です。

英文の語順を活かして訳すと「メガネが優れている点のひとつはthat以下だ」となります。

和訳例

世界中で何億人もの人々がコンタクトレンズを使っているが、それでもメガネを好む人もいる。メガネがコンタクトレンズよりも優れている点のひとつは、メガネは実質的には［ほとんど］メンテナンスがいらないということがある。

語句 hundreds of millions of 〜「何億もの〜」、the world over「世界中で」（このoverは副詞／all aroud the worldと同じ意味）、wear「身につける」、prefer「好む」、practically「実質的に」、maintenance「メンテナンス・維持」、free「ない」

チェックポイント

- ☑ Among 〜 VSという倒置の形　◎ △ ×
- ☑ be among 〜 ＝ be one of 〜　◎ △ ×
- ☑ the advantages of A over Bの形　◎ △ ×

THEME 40 任意倒置（3）／比較対象の省略

設問 次の英文の下線部を訳しましょう。

But, as *The State of the World's Children 2019: Children, Food and Nutrition* reported, malnutrition means that globally one in three children is not growing well. <u>Less visible, but just as worrying, is the extent of the "hidden hunger" of a shortage in vitamins and other essential nutrients, which affects tens of millions of adolescents</u>.

（兵庫県立大学／前期）

解説

テーマ 任意倒置（その3）／比較対象の省略

How are you? に対する返答の1つに、It couldn't be better!「絶好調だよ」という言い方があります。もしnot＋goodなら「良くない」となるのですが、ここではnot＋better（比較級）です。これは"than ～"が省略されており、ここではthan now「今（の私の状態）より」を補って、It couldn't be better {than now}.「今の状態より（than now）良い（better）なんて、仮の世界でもありえない（couldn't be）」→「もうこれ以上、上がりようがないほど良い」→「絶好調」ということです。
この「比較対象の省略」は長文の中でも頻繁に見かけます。省略内容はそのつど文脈から考えるのが理想ですが、実際は**than nowかthan this（thisは「今言ったこのこと」）を機械的に補えばほとんどのケースで解決**します。
また、as ～ as ... でも同様で、as ～ as ... の後半のas以下が省略されることもあります。大半のケースで**as now／as thisを補えばOK**です。

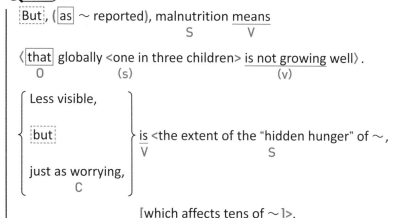

解析

But, (as ～ reported), malnutrition means
S: malnutrition　V: means

〈that globally <one in three children> is not growing well〉.
O: that　(s): one in three children　(v): is not growing

{ Less visible, / but / just as worrying, } is <the extent of the "hidden hunger" of ～,
C: Less visible, but just as worrying　V: is　S: the extent of the "hidden hunger" of ～

[which affects tens of ～]>.

指針

Less visible, but just as worrying, isを見たら？

Less visibleはvisibleが形容詞です。butでつながれたjust as worryingも

worryingは形容詞の働きと考えられます。その後に動詞isが出てきたので、これは**SVCの倒置である"CVS"の形だと判断**します。
英語の語順通り「CなのはSだ」と訳して、ここでは「Less visibleだが、just as worryingなのは〜だ」が大枠となります。

比較対象が省略されている

Less visibleは比較級、as worryingはas 〜 asの形で、両方とも比較対象が省略されています。それぞれ**than this・as this**くらいを考えて、「このことよりもvisibleではないが、（このことと）同じくらいworryingなのは」とします。もちろん「このこと」とは直前の「栄養失調、具体的に言えば、世界的に3人に1人の子どもの成長度合いが良くないこと」です。
※「和訳問題」なら指示がない限りは「このこと」で十分ですし、「説明問題」ならきちんと説明しないといけません。

Sを確認する

isの後のthe extent of 〜 がSです。"hidden hunger"はクオーテーションマークがついているので強調や特別な意味合いがあることを示唆しますが、和訳ではそのまま直訳してカギカッコをつければ十分です。

和訳例

直訳：このことよりも目に留まらず、しかし同じくらい困らせるようなことは、ビタミンやその他の必須栄養素の不足という「隠された空腹」の程度であり、これは何千万人もの青少年に影響を与える。

意訳：しかし、『世界子ども白書2019：子ども・食料・栄養』が報告したように、栄養失調とは、世界的に3人に1人の子どもがうまく成長していないということだ。このことよりも目立たないが、同じくらい憂慮すべきなのは、ビタミンやその他の必須栄養素が不足しているという「隠れ飢餓」がどれほどなのかということであり、それが何千万人もの青少年に影響を及ぼしている。

※the extent of 〜 は疑問詞変換（THEME25）を利用して「どれほど〜か」と訳しています。ちなみにこのthe extent of 〜 は、「いかに多いか」を暗示することもあり、今回も「何千万もの」という表現につながっています（和訳で「多さ」までを示す必要はありません）。

語句 malnutrition「栄養失調」、visible「目立つ」、worrying「心配な」、hunger「飢餓」、shortage「不足」、nutrient「栄養素」、affect「影響を与える」、tens of millions of ～「何千万もの～」（前項ではhundreds of millions of ～ が出てきました）、adolescent「青少年」

チェックポイント

- ☑ “形容詞＋動詞”で始まる文はCVSという倒置 ◎ △ ×
- ☑ 比較対象はよく省略されるので、than thisなどを補う ◎ △ ×

THEME 41

任意倒置 (4)

設問 次の英文を訳しましょう。

イギリスの植民地統治により、英語を教育言語として南アジアに持ち込んだときの話（Macaulay「マコーリー」は人名）。

However, Macaulay left open a window of opportunity for vernacular languages, which, in time, could be substitutes for the English language.

（早稲田大学／文）

ナビ vernacular「現地特有の」

解説

テーマ 任意倒置（その4）

SVOCの倒置には2つのパターンがあります。**OSVCの形では（SVO／SVOOと同じ発想で）Oが前に出るだけ**です。
This stage Poincaré considered essential.「この段階をポアンカレ（人名）は重要だと考えた」（京都大）では、consider OCからO（this stage）が前に出た、OSVCの形です。

もう1つはSVCOという形です。そもそも**SVOCではO＝Cが成立するので、OとCの左右を入れ替えただけ**の形です。この倒置には「SVOCをとる動詞」の直後に形容詞がきたら倒置のサインです（本来ならOになる名詞がくるはず）。その形容詞の後に、独立した名詞（形容詞が名詞を修飾するわけではないパターン）がくればそれがOだとわかります。

解析

(However), Macaulay left open
S V C

<a window of opportunity [for vernacular languages,
O

[which, in time, could be substitutes [for the English language]]]>.

指針

left openを見たら？
leaveを見たらまずは**leave OCの形**を予想しますが、ここではopenがきています。動詞が2つ続くわけがないので、**このopenは形容詞**です。
※僕は自分が書いた英文法の本で、常に「keep・leave・getは使役もどきの動詞（意味が使役動詞と同じだが使い方は違う）で、まずはSVOCを予想する」という発想を強調しています。この発想を常に持ってほしいのです。

Chapter 8 英文の調律

倒置の決め手は？

left openの後に独立した名詞a windowを見て倒置SVCOだと判断します。「独立」とは「前の形容詞から独立している（関係ない）」という意味です。形容詞openが冠詞aを飛び越えてwindowを修飾することはありえませんね。本来は、left a window of opportunity for vernacular languages openです。

※a window of opportunityは直訳「機会の窓」→「絶好のチャンス」という決まり文句です（知らなくてもなんとなく想像がついたと思いますが）。英字新聞でもよく見る表現ですし、慶応で下線が引かれて説明する問題が出たこともあります。

倒置を訳すときは？

元の形に戻して訳すなら「現地特有の言語にもチャンスを残しておいた」となります。倒置を意識してVCの部分をつなげて訳すなら「残しておいたのは現地特有の言語だった」となります。

※今回は元に戻したほうが自然になると考え、和訳例ではそうしています。

～, whichを見たら？

関係代名詞の非制限用法で、補足説明をしています。in timeは「間に合って」の意味が有名ですが、「やがて」という意味もあります。ここでは「やがて」が文脈に合います。

※この場合は「経過のin（～したら）」と考えて、「ある程度の時間（time）が経って」→「やがて・そのうち」ということです。

和訳例

しかし、マコーリーは現地特有の言語にも（大きな）チャンスを残しておいた。そういった言語はいずれ英語の代わりになる可能性があった。

語句 in time「やがて」、substitute for ～「～の代わり」

チェックポイント

☑ leave COという倒置の形　◎ △ ×

Chapter

9

弱点の解消

このChapterでは「長文では出るのに、英文法の授業で軽く扱われる、ときに完全にスルーされる」ものをしっかりとチェックしていきます。マニアックに見えて、どれも難関大では常識的なものばかりなので、次々に弱点がなくなっていくはずです。

THEME 42

分詞構文

設問 次の英文を訳しましょう。

The candies react with the cola, causing the formation of carbon dioxide bubbles, resulting in an “eruption.”

(オリジナル)

解説

テーマ 「分詞構文の意味上の主語」をあえて置かない場合

分詞構文は主節の主語と違うときは「意味上の主語」を置くのが原則ですが、以下の場合は主語を置かないで使われることがあります。

☑ **慣用表現の場合**　　例：generally speaking「一般的に言うと」

☑ **文脈からわかる（誤解がない）場合／一般の人が主語の場合**

Having studied pastry making in Paris, Yumi's cupcakes were always delicious.

パリでお菓子作りを学んだので、ユミがつくるカップケーキはいつも美味しかった。

※主節の主語はYumi's cupcakesなので、本当はHaving studiedの前にYumiを置くべきだが、誤解がないためこのまま使われることがある。

☑ **「前の内容」が主語になる場合**

分詞構文が後ろにある場合、「主節の内容（または内容の一部）」が意味上の主語になるケースもあります。世間ではあまり説明されないのですが、長文でもニュースでも頻出です。

▶「前の内容」が分詞構文の主語になるパターン

(1) イコール系

SV, meaning[showing・indicating] …「SVだ。そしてそれは…を意味する［示す］」

(2) 結果系

SV, causing[leading to・resulting in] …「SVだ。そしてその結果…になる」

SV, making OC「SVだ。そしてその結果、OがCになる」

SV, -ing O to 原形「SVだ。そしてその結果、Oが〜する」

SV, casting doubt on …「SVだ。そしてそれは…に疑問を投げかける」

SV, calling into question …「SVだ。そしてそれは…に疑問を投げかける」

※この用法の分詞構文は、-ingの直前にthus「したがって」・thereby「それによって」などの副詞を伴うこともよくある。

解析

The candies react with the cola, (causing the formation of 〜),
S V

(resulting in an "eruption.")

指針

The candies react with the cola, causingを見たら？

The candies react with the colaで文は完結していて、コンマの後の-ingは文に不要な要素（＝副詞の働き）なので分詞構文だと判断します。
主節の後ろにきた分詞構文は「そして・〜しながら」と訳すことを知っておくと便利です。

causingの意味上の主語は？

省略されていますが、原則通りにThe candiesと考えてはいけません。「the formation of carbon dioxide bubblesを引き起こすもの」は、The candiesではなく、「The candiesがcolaと反応すること」のはずです。つまり前の

内容が分詞構文の主語になっているわけです。

※ただ、現実には単に主節を訳してから、分詞構文を「そして〜を引き起こす」と訳せば済んでしまうのであまり話題に取り上げられず、指導者側にも見落としが多いのですが、間違った解釈ですし、何よりこのパターンは頻出なので、みなさんはぜひ知っておいてください。

resulting inを見たら？

分詞構文（causing the formation of carbon dioxide bubbles）が終わった後に、またコンマの後ろにresulting in an "eruption." と続いています。実は**これも分詞構文で、このように2つ連続することもある**のです。新たに補足をしていると考え、これも直前の内容（泡をつくる）を受けて「そしてその結果」とすればOKです。

※2つある分詞構文は共に「そしてその結果」となりますが、和訳はクドくなるので、1つめは「そして」だけにしています。

和訳例

そのキャンディー（お菓子）はコーラと反応する。そして二酸化炭素の泡を生成し、その結果「爆発」が起こる。

※日本でも以前に「メントスコーラチャレンジ」として動画でバズった現象のことです。

語句 react with 〜「〜と反応する」、formation「形成・生成」、eruption「爆発・噴火」

チェックポイント

☑ SV, causing ..., resulting in ... の形　◎ △ ×
☑ 主節の後ろにきた分詞構文は「そして・〜しながら」という意味　◎ △ ×

THEME 43

譲歩のas

設問 次の英文を訳しましょう。

As spectacular and colorful as the peacock is to look at, its tail has a more complex purpose.

（獨協大学／外国語・経済・国際教養・法）

解説

テーマ 「譲歩のas」の細かい知識

接続詞asにはいくつもの意味があり、その中で「譲歩」は特別な形（X as sv, SV.「svはXだけれども、SVだ」）をとることで有名です。しかし難関大を目指すなら、以下のことも知っておかないといけません。

☑ **文頭にAsがつくこともある（As X as sv, SV. という形）** ※意味は変わらない
「ただ先頭にAsがつくだけ」と覚えてもOKですが、譲歩のasは本来は分詞構文（Being as ～ as ..., SV.）でした。**分詞構文のBeingは省略されるのが普通なので、実はAs ～ asこそが本来の形**なのです（そこから次第に文頭のAsが落ちるようになっただけ）。

☑ **「順接」の意味になることもある**
Cold as it was, we stayed inside by the fire.
寒かったので、私たちは外に出ず、暖炉のそばにいた。

この細かい知識も「譲歩のasは分詞構文から生まれた」と知っていれば、**「分詞構文なので文脈次第で意味が変わる」のも当然**と言えますね（あまり入試では問われませんが、実際の英語では珍しいものではありません）。

☑ **譲歩のasはthoughで代用可能**
Old as it is, the DVD player still works perfectly.
＝Old though it is, the DVD player still works perfectly.
※althoughを使うことはまれ
そのDVDプレーヤーは古いのだが、まだ何の問題もなく機能する。

☑ **「無冠詞名詞」や「動詞」がくることも**
Try as I may, I couldn't follow the lecture on quantum mechanics.
どんなにがんばっても、量子力学の講義についていけなかった。

X as sv, SV. において、Xの部分に（形容詞・副詞以外に）**冠詞がつかない名詞や動詞が入る**こともあります。名詞の場合は、形容詞的に使われるために冠詞をつけないのでしょう（As 〜 asの形では形容詞・副詞しか挟まれません）。動詞が文頭に出る場合、Try as s may[might]「たとえどんなにsががんばっても（トライしても）」の形が多いです。

解析

(As spectacular and colorful as the peacock is to look at),
(s) (v)

its tail has <a more complex purpose>.
S V O

指針

As spectacular and colorful as the peacock isを見たら？

「譲歩のas」で、**As X as sv, SV. の形を予想**します。コンマの後に主節（its tail has a more complex purpose）が出てきますね。もちろん（「譲歩」ではなく）「順接」になることもあるので、意味をよく考えます。
ちなみに、to look atは本来、"X to look at"「見るという点においてXだ」の形です。

more complexは対比を暗示する

（英文解釈の領域を超えて長文読解の話になりますが）長文中で比較級を見たら「対比」を考えてください。そもそも何かと比較している時点で対比構造を暗示するのです。当然、長文では「一般論と主張の対比」が一番多いパターンなので、**「比較級」は主張に使われやすい、大事な表現**と言えます。
この英文でも、a more complex purpose「もっと複雑な目的」とある以上、「単純な目的・そこそこ複雑な目的は知っているでしょうが、もっと複雑な目的があるのです」ということを伝えるわけです。ここでは前半の「(誰でも見ればわかる)見た目」に対して、「もっと複雑な」ということです。以上から「対比」は明らかなので、「譲歩（〜だけれども）」で訳せばOKです。
※結局「譲歩」に帰結するのですが、「文頭にAsがついただけ」という勉強ではなく、難関大を目指すみなさんは、こういった思考を経てほしいのです。

参考：頭韻を使った熟語

as busy as a bee「ハチのように忙しい」→「とても忙しい」、as clear as crystal「水晶のように透き通って」→「とても明白な」、as cool as a cucumber「キュウリのように冷静な」→「とても冷静な」といった熟語がありますが、これはすべて音遊びのようなもので、頭韻です。それぞれbやcで韻を踏んでいるわけです。

今回の英文が出た長文の中にも、as proud as a peacock「クジャクのように(華やかな羽を)自慢して」→「大いばりで」という表現が使われていました。

和訳例

直訳：クジャクは見るという点において華やかで色彩豊かだが、その尾にはもっと複雑な目的がある。

意訳：クジャクは見ためが華やかで色彩豊かなのだが、その尾にはもっと複雑な目的がある。

語句 spectacular「壮大な」、peacock「クジャク」、complex「複雑な」

チェックポイント

- ☑「譲歩のas」にはAs X as sv, SV. という形もある ◎ △ ×
- ☑ 比較級を見たら「対比」を考える ◎ △ ×

THEME 44

名詞を限定するas

設問 次の英文の下線部を訳しましょう。

Contact lenses as we know them today are completely different from the first contact lenses. In 1888 the German eye doctor Adolf Gaston Eugen Fick created the first practical contact lenses from blown glass. They were much larger and harder than their modern counterparts and could only be worn for a few hours at a time.

（オリジナル）

解説

テーマ 名詞限定のas

接続詞asの発展事項で「名詞を限定する」用法があります。本来、接続詞は副詞節をつくるのですが、この用法では「名詞を修飾する形容詞的な働き」になります（特殊ですが、実際にはよく見かけます）。

▶「名詞限定のas」の識別方法

①as節中に「代名詞（itなど）」がある（その代名詞は「as直前の名詞」を指す）。
②as節中の"s+be"は省略されることが多い。その結果、"as 形容詞"や"as p.p."の形になる（この形では①の「代名詞」も一緒に省略される）。

※関係代名詞asなら「後ろが不完全」になるはずです。名詞限定のasでは必ず「完全」な形になるので接続詞扱いとなります。

細かく説明すると上のようになりますが、実際には"名詞 as we know it"「我々が知っている名詞」の形で使われることが多いです。単に名詞を挙げるときは、その名詞の一般的な意味を表すわけですが、その後にas we know itをつけることで、「我々が知っている範囲に限定する」役割があります。

解析

<Contact lenses [as we know them today]>
S

are (completely) different from <the first contact lenses>.
V O

In 1888 <the German eye doctor Adolf ～>
S

created <the first practical contact lenses> (from blown glass).
V O

They
S

{ were much larger and harder (than their modern counterparts)
V C

and

could (only) be worn (for a few hours at a time). }
V

指針

Contact lenses as we know them todayを見たら？

名詞の後のas we know them todayは**名詞限定のasなので直前のcontact lensesを修飾**します。「我々が今日知っている(タイプの)コンタクトレンズ」ということです。

※ここでは、よく使われるas we know itのitがthemになっているだけです（複数形lensesを受けるのでthem）。

counterpartsの意味は？

counterpartは「相当物」などと訳されますが、「対等の立場にある相手・対応する物」などを指し、**その都度、文脈にあったように訳す単語**です（周りの状況に色を合わせるカメレオンのような単語）。

their modern counterpartsは「それら（古いコンタクトレンズ）の現代の対応物」→「現代版コンタクトレンズ」です。

onlyをどこにかける？

onlyの位置から判断すると、onlyはcould be wornにかかっています。ただ、これを直訳して「つけられるだけ」では不自然なので、これはfor a few hours at a timeにかかると考えます。つまり**only for a few hours at a timeのonlyが前に移動したもの**で、「1回で数時間だけしか」とすると自然になります（THEME55）。

和訳例

我々が今日知っているコンタクトレンズは、最初に生まれたコンタクトレンズとはまるで違う。1888年にドイツの眼科医アドルフ・ガストン・オイゲン・フィックが、吹きガラスから最初の実用的なコンタクトレンズを作り出した。そのコンタクトレンズは、現代のものよりずっと大きく、硬く、それゆえ1回で数時間しかつけられなかった。

語句 practical「実用的な」、blown glass「吹きガラス」、wear「身につける」

チェックポイント

- ☑ as we know them todayは直前の名詞を説明するas ◎ △ ×
- ☑ counterpartはその都度、適切に訳す ◎ △ ×
- ☑ onlyは前に移動することがある ◎ △ ×

THEME 45

様態のas

設問 次の英文を訳しましょう。

回想の文章の一節で、過去のことを述べています。

On this occasion he could not call to her, as he normally would in anything.

（大阪大学／前期）

解説

テーマ 接続詞as「対比」

接続詞asの中でよく出るものの1つに「様態」があります。**As sv, SV.「svと同じように、SVだ」**となるのですが、as節と主節は同じような意味がくることが多いため、代動詞を使ったり、省略が起きたりするのが普通です。これを逆に考えれば、**似た表現・代動詞・省略が1つでもあれば、それは「様態のas」になる**可能性がきわめて高いのです。
難関大では「様態」の延長の発想である「対比のas」が問われます。これは「様態」のasが否定文で使われた場合に生じるもので、安易に「同じように」と訳すと否定の範囲が曖昧になり、2通りに解釈できる和訳になってしまうのです。
和訳をもう1度読み直し、曖昧かどうかチェックしてください。**“not＋様態のas＝対比のas”と考えて、「～とは違って」と訳す**と、意味が明確になります。

解析

(On this occasion) he could not call to her,
S V

(as he normally would {call to her} in anything).
(s) (v)

指針

he could not call to herについて
couldを見たらまずは「仮定法」を考えます。また、ニュースや科学的な話なら「推量（～ありえる）」という意味もよく使われます。しかしこの英文は単なる過去の話なので、couldは「できた」となります。また、ここではcall toを1つのVと考えます。callは他動詞「呼ぶ」のほかに自動詞もあります。自動詞はなぜかcall for ～「～を呼ぶ・求める」ばかりが有名ですが、call to ～「～を呼ぶ」（大声で呼びかけるイメージ）という用法もあります（辞書では自動詞の1番目に載っていることが多いと思います）。

asの意味と訳は？

as he normally would in anythingの形で、wouldの後に省略が起きています。単純に「前に言ったから（反復を避けるための）省略」で、call to herが省略されています。**「似た内容・省略」が起きていることから、このasは様態**だと考えます。ところが「普段と同じように呼べなかった」と訳すと、以下のように意味を2通りに解釈できてしまうのです（難関大の下線部和訳では、曖昧な答案では十分な得点はもらえないでしょう）。

①普段は呼ぶ・今回は呼ばない
「普段何でも彼女を呼ぶのと同様には、彼女を呼べなかった」
②普段から呼ばない
「普段何でも彼女を呼ばないのと同様に、彼女を呼べなかった」

そもそもas he normally would {call to her} in anythingなので、「いつもは彼女を呼んでいた」とわかります。つまり①の解釈が正しいのです。wouldだけで否定（would not）まで表すことはないので「notの影響がas節中には及ばない」と考えることもできます。

he could [not] call to her, as he normally would in anything.

※notの影響は下線部だけ。

not＋様態のas＝対比のas「～とは違って」なので、「彼は普段とは違って、呼べなかった」とする必要があります。

和訳例

普段はどんなことでも彼女を呼び出すのに、今度ばかりは彼は彼女を呼び出すことができなかった。

チェックポイント

☑ 似た表現・代動詞・省略が1つでもあれば「様態のas」を考える　◎　△　×
☑ not＋様態のas＝対比のas「～とは違って」　◎　△　×

THEME 46 so ～ that ... 構文

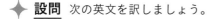

設問 次の英文を訳しましょう。

学校教育を受ければ基本原理を教えてもらえるという話。

Society judges it so important that we be educated that we must go to school.

（福岡大学／人文・法・商・理）

解説

テーマ **so ～ that ... 構文／suggest型形容詞の用法**

soは本来「それほど」なので、それに呼応して「どれほどか？」を示すペアがくるのが原則です（文脈上わかるなら省略される）。その典型パターンがso ～ that ... の形で、本来は「それほど～だ。どれほどかというと…なほど」という意味なのです。このように「ひとりツッコミ（それほどって、どれほど？）」をする発想があるからこそ、遠く離れたところにthatがあっても気づきやすくなるわけです。

【本来の意味】「それほど→どれほど？」→【結果】「とても～なので…」 ↘【程度】「…なくらい～だ」

＊＊＊

命令的な意味合いを持つ形容詞には、後ろに続くthat節の中で、“should 原形” か“原形”をとるものがあり、It is suggest型形容詞 that s should 原形／原形となります。

※suggestなどの動詞とthatの中が同じ形になるので、本書ではsuggest型形容詞と呼びますが、文法書では「仮定法現在」と呼ばれています。

これは従来「重要・必要・当然などの意味を持つ形容詞」と説明されますが、みなさんはどれも**「命令」のニュアンスが根底にある**ことを意識してください。言い換えれば「説教くさい形容詞」です。importantやnecessaryは、いちいち相手に「大切だよ・必要だよ」と忠告しているわけです。
そしてthat節が忠告内容になります。**忠告・命令する内容は「まだ起きていない」ので「仮定法should」の形か、命令を意識して「（命令文と同じ）動詞の原形」が使われるのです。**

▶ suggest型形容詞：重要・必要・理想のニュアンス

①重要だぞ：important・crucial・vital・essential・critical「重要な」
②必要だぞ：necessary・indispensable・imperative・compulsory「必要な」／urgent「急を要する」／unnecessary「不必要な」
③理想だぞ：appropriate・proper「適切な」／improper「不適切な」advisable・desirable・preferable「望ましい」

解析

Society judges it so important
S V 仮O C

<that we be educated> (that we must go to school).
真O (s) (v)

指針

judges it so importantを見たら？

judgeの後のitは当然Oですが、so importantは形容詞なのでCになります（形容詞が、代名詞itを修飾することはありえない）。よって、judgeの語法など知らなくても、SVOCだと判断できます。「判断する」という意味から知覚動詞に似た意味だと予想して**「OがCだと判断する」と考えればOK**です。

itはどれを指す？

itは仮目的語なので、それを受ける真目的語がimportantの後ろにくると考えます。ただしここではso importantもあるので、**so ～ that ... も予想**します。今回の英文では、it so important thatとなっています。さて、このthatはitとsoのどちらと絡むthatなのでしょうか？ そしてその決め手は何でしょうか？

that we be educatedを見たら？

原形beが決め手になります。ここで「原形を要求する単語」はimportantです。これが**suggest型形容詞なので後ろのthat節内にbeを要求する**わけです。ということはこのthat we be educatedはitを受けるとわかります（元の文を考えると、it is so **important** that we **be** educatedという仮S・真S

Chapter 9 弱点の解消

の構文で、それがOCに埋め込まれた形)。
別の説明をすれば、このthat we be educatedは、it・importantと切っても切れない関係(できるだけそばにいたい)というイメージです。
以上をまとめると、it so important that we be educatedは「私たちが教育されることがとても重要」となります。

that we must go to schoolを見たら？

もう1つ保留事項(soの相手がほしい)がありましたね。that we must go to schoolを見て、**これがsoのペア**だと判断します。「とても大切なのでthat 〜 だ」ということです。

和訳例

直訳 : 私たちが教育を受けることはとても大切なことなので、私たちは学校に行かなければならないと社会は判断する。

意訳 : 世の判断では、我々が教育を受けるのはとても重要なので、我々は学校で勉強しなければならないということなのだ。

語句 judge OC「OをCと判断する」、educate「教育する」

チェックポイント

- ☑ important that we be educatedはsuggest型形容詞の用法　◎ △ ×
- ☑ so 〜 that ... のthatが離れたところにある(一番近くのthatに飛びつかない)　◎ △ ×

THEME 47 no 比較級 than ～の解法

設問 次の英文を訳しましょう。

Historians or sociologists who have no training in or experience of scientific research sometimes suggest that scientific truth is no more valid than artistic truth, and that, to put it crudely, Albert Einstein's general theory of relativity might go out of fashion just as much of the painting done by Victorian artists later went out of fashion.

（慶応大学／薬）

✦ 解説

テーマ　no 比較級 than ～

no 比較級 than ～「Aと同じで、まったく…でない」は色々な考え方がありますが、本書オリジナルの裏技が便利です。それは「矢印を2つ向ける」もので、**1つは「比較級に矢印」、もう1つは「than ～ に矢印」**を向けてみてください。

no 比較級 than ...
①「逆の意味」になる
②「～と同じくらい」と訳す

①「逆の意味」とは、**"no 比較級"が強い否定「まったく～ではない（むしろその逆だ）」**になるということです。no more difficultなら「まったく難しくない」→「むしろ超簡単だ」となるのです。

※ごく稀に、単に「同じ難易度」となることもあり、最終的には文脈判断ですが、まずは「逆」を意識してください。

②「～と同じくらい」とは、**差を表すthanを否定して「同じくらい」となる**ことです。ここではわかりやすい例を出して、①の主張を補強する役割があります。

これを、The test was no more difficult than the homework assignment. という文で考えてみましょう。

①「全然難しくない」→「むしろ超簡単」（主張）
The test was no more difficult than the homework assignment.
②「課題と同じくらい」（例）

よくあるミスは、no more difficultを「難しくない」とか、than ～を「～より」と訳してしまうものです。「難しくない」のような曖昧な意味にはなりません（「難しくないだけで普通」という解釈も成り立ってしまい誤訳となります）。ここではハッキリ「簡単！」という真意を読み取る必要があります。

解析

<Historians or sociologists
S

[who have no { training in / or / experience of } scientific research]> (sometimes)

suggest
V
{
〈 that scientific truth is no more valid (than artistic truth)〉,
0 (s) (v) (c)

and

〈 that, (to put it crudely), <Albert Einstein's general theory ～>
0 (s)
}

might go out of fashion
(v)

(just as <much of the painting [done by Victorian artists]>
(s')

later went out of fashion)〉.
(v')

指針

training in or experience of scientific researchの構造は？

training inの後には名詞がくるはずですが、等位接続詞orがきているので、**orはtraining inとexperience ofを結び、その共通の目的語がscientific research**です（THEME21などと同じパターン）。「科学的研究における訓練や科学的研究の経験がない」となります。

suggestの意味は？

suggestの後にくるthat節では"should 原形"か"原形"がくる用法が有名ですが、その場合の意味は「提案する」となります。「提案する」は結局のところ「優しく命令する」ということなので、命令内容に仮定法や命令文がきているのは前項で解説した通りです。

しかし今回はthat scientific truth isとあり、原形beではありません。ということはこれは命令系統の動詞ではなく、それに従って**suggestの意味も「示唆する」**（もしくはそれに準じた意味）で訳さないといけません。
※今回のsuggestはSV that ～の「認識・伝達」の意味が使えます。

no more valid thanを見たら？

no more validで「まったく妥当でない・当てはまらない」、than artistic truthで「芸術的真実と同じ」と考えればOKです。まず、「まったく話にならないよ」と主張して、次に誰もがわかる例としてartistic truthを挙げているのです。
和訳の際、あくまでメインは「科学的真理は妥当ではない」で、そこに「芸術的真理と同じように」を付け足すイメージです。よくある誤訳はメインを取り違えて、×）「科学的真理と同じように芸術的真理は妥当ではない」としてしまうことです（これでは芸術がメインになってしまう）。

and that, to put it crudely, を見たら？

and thatを見て、that節が2つ結ばれていると判断します。
次に、thatの後にはsvを予想しますが、**コンマで挟まれたto put it crudelyがあるので、これの後にsv**を探します。Albert Einstein's general theory of relativity might go out of fashionがそのsvで、その後にjust as ～「ちょうど～と同じように」という副詞節がきています（justはasの「様態」の意味を明示する働き）。
ここでもjust asの後に芸術の例をもってきているわけです。
※that節が2つあり、しかも長いので、和訳では「以下の2つを示唆している。それは～」としました。

和訳例

科学的研究の訓練をまったく受けず、その経験もない歴史学者や社会学者は、以下の2つのことを示唆することがある。1つめは、科学的真理は芸術的真理と同じように根拠が確かなものではないということだ。2つめは、乱暴な言い方をすれば、ビクトリア時代の芸術家によって描かれた絵画の多くが後に時代遅れになったのとちょうど同じように、アルバート・アインシュタインの一般相対性理論も時代遅れになる可能性だってあるということだ。

※ちなみに今回の英文の後には、This is absolutely not so.「そんなことは絶対にない」と続いています。

語句 historian「歴史家」、sociologist「社会学者」、valid「妥当な・根拠がしっかりとある」、artistic「芸術の」、put it crudely「大雑把に言えば」、general theory of relativity「一般相対性理論」、go out of fashion「時代遅れになる」、Victorian「ビクトリア時代の」

チェックポイント

☑ training in と experience of の共通の目的語が scientific research	◎ △ ×
☑ suggest は「示唆する」系統の意味	◎ △ ×
☑「科学的真理は妥当ではない」がメイン、「芸術的真理」は例示	◎ △ ×
☑ suggest の O になる that 節は 2 つある	◎ △ ×
☑ just as ～ は「ちょど～と同じように」（様態）	◎ △ ×

THEME 48

慣用表現

設問 次の英文を訳しましょう。

The stock market is up over 30 percent in the last twelve months. That being said, there is no guarantee that stock prices will continue to rise.

（オリジナル）

解説

テーマ that {being} said／having said that「とは言うものの」

分詞構文の慣用表現は英文法の学習で出てくるのですが、その中で長文によく出るのに見落とされがちな**that {being} said／having said that「とは言うものの」**という熟語があります。

※すでに日大・関西学院大・東京理科大・九州大・秋田大・岡山大などたくさんの大学で出ているのですが、問題集で扱われることがほとんどないのでここで取り上げます。

having said that（分詞構文の完了形／thatはsaidの目的語）は「そう言ったところで」→「そうは言っても」です。この表現が受動でthat {being} said「それが言われたところで」→「そうは言っても」となることもよくあります（thatは分詞構文の意味上の主語／beingは省略可能）。
これは**「前の内容を認めつつ、その後に主張を述べる」大事な役割**があります。また、長文だけでなく、日常会話でもよく使われます。

She has always wanted to live in Paris. Having said that, she knows that her dream is not very realistic.
「彼女はパリに住みたいとずっと思っている。そうは言っても、自分の夢があまり現実的ではないことはわかっている」

解析

<The stock market> is up (over 30 percent) (in the last twelve months).
S: The stock market / V: is / M: up

(That being said), there is
V: is

〈no guarantee <that stock prices will continue to rise>〉.
S: no guarantee / (s): stock prices / (v): will continue to rise

指針

That being saidに注目

isの直後のupは副詞「上がって」で、よく後ろに数字（今回はover 30 percent）を伴います。

その後に、That being saidが出てきます。**「（確かにそうだけど）そうは言っても……」といった流れ**で使われ、後ろに主張「上がり続ける保証はない」がきています。

There is no guarantee that ～「～という保証はない」もよく使われる形です。

和訳例

この12ヵ月で、株式市場は30％以上上昇した。そうは言っても、株価が上がり続けるという保証はない。

語句 stock market「株式市場」、guarantee「保証」、stock price「株価」

チェックポイント

☑ That being saidは「そうは言っても」 ◎ △ ×

THEME 49 比較級を使った倍数表現

設問 次の英文を訳しましょう。

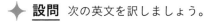

sedentary = requiring a sitting posture

Middle-aged and older people who live sedentary lives are up to two and a half times more likely to die early, researchers said.

（早稲田大学／商）

解説

テーマ 倍数表現の発展形

倍数を表すのは、X times as ～ asの形が基本で、応用として、X times the 名詞 of ...「…のX倍の名詞だ」の形もあり、The diameter is twice the length of the radius.「直径は半径の2倍だ」と使われます。
ここまでは文法の問題集でよく見かけるのですが、実は「比較級を使った倍数表現」も存在しますし、実際に入試では頻繁に出題されています。**X times 比較級 の形**で、Beef is three times more expensive than chicken.「牛肉は鶏肉の3倍の値段です」となります。

解析

<Middle-aged and older people [who live sedentary lives]>
S

are (up to) (two and a half times) more likely to die early,
V

researchers said.
S V

指針

live sedentary livesを見たら？

liveは自動詞で使われることが圧倒的に多いのですが、live a ～ life「～な生活を送る」という他動詞用法があります（ここでは複数形lives）。

※lifeのような動詞と似た目的語がきた場合で、一応「同族目的語」という名前がついています。

two and a half times more likelyを見たら？

「比較級を使った倍数表現」を考えます。be likely to ～「～しそう」が比較級（more likely）になって、**その直前にtwo and a half times「2.5倍」が置かれています。**

さらにその数字の前にup to ～「～まで・最大～」がくっついているわけ

です。まとめると、be up to two and a half times more likely to die early で「最大で2.5倍早死にしそう」となります。

和訳例

研究者によると、座っていることが多い生活を送る中高年は、早死にする可能性が最大2.5倍高いとのことだ。

語句 sedentary「座りがちな・運動をあまりしない」

チェックポイント

- ☑ live sedentary lives は他動詞 live ◎ △ ×
- ☑ two and a half times more likely to ～ は X times 比較級 という倍数表現 ◎ △ ×

THEME 50

if not ～

設問 次の英文の下線部を訳しましょう。

these behaviorsは「（健康改善のために多くの人がする）運動・睡眠・水分補給など、よくある行動」を指します。また、今回の英文の後には「人との交流が健康に良い」という内容が続きます。

Each of these behaviors is important, of course, but they all focus on physical health — and a growing body of research suggests that social health is just as, if not more, important to overall well-being.

（早稲田大学／商）

解説

テーマ if not ～ の3つの意味

▶ **if not ～ の3つの意味**

①「もし～でなければ」　②「～とはいわないが」　③「もしかすると～」

文中に突如出てくるif not ～ の形には、この3つの意味があります。①の**「もし～でなければ」**はそのままの訳なので、特に問題ないでしょう。
②の場合、ifはeven if（譲歩「たとえ～でも」）の意味で、if not ～ で**「たとえ～ではないにしても」→「～とは言わないが」**となります。if not impossible「不可能とはいわないが」です。
③の**「もしかすると～」**は直前の内容をさらに強めて補足する用法です。**"if not 比較級"の形になる**ことが多いのも特徴です。

②と③の判別は文脈しかありません。とはいってもまるで違う意味になるので、③の存在を知ってさえいれば、判別はさほど難しくありません。
※そもそも③の意味が知られていないので（指導者でも知らない人が多く、辞書に載っていないことも）、②だと断定してしまうのです。

ちなみに僕の考え方を示すと、②の延長で③を考えるといいと思います。②「～とはいわないが」→「～とはいわないが……いや待てよ、もしかすると～」→③「もしかすると～」と考えてみてください。
さらに、③の意味は「もしかするともっと」という含みで使われることが多いため、AIの話など「これから先の話題・可能性が広がる話題」でよく使われます（今の入試ではそういった長文が多いので今後は特に注意が必要です）。

解析

<Each of ～> is important, (of course), but they all focus on ～
S V C S V O

— and <a growing body of research> suggests
S V

<that social health is just as, (if not more), important to overall ～>.
O (s) (v) (c)

指針

suggestの意味は？

S suggest that ～ の形ですが、**that節内は直説法（is）なので、「提案する」ではなく「示唆する」**（伝達系統の意味）になります。無生物主語のSVOなので「調査によって～ということが示されている」とします。

bodyの意味は？

a body of ～「一連の～」です。このbodyは「かたまり・大量」といった意味です（growingとbodyがくっつくと「成長している体」という誤訳は意外と多いです）。a growing body of research「ますます多くの研究」という表現をしっかり押さえておきましょう。

just as, if not moreを見たら？

just asの後には、as ～「～と同じくらい」を予想します。ただ直後にはif not moreが挿入されているので、**その後のimportantという形容詞を見て、これがas ～ asで挟まれるものだと判断**します。実際にはimportant to overall well-beingが挟まれており、その後に比較対象で、as this[＝physical health]を補って考えます（THEME40）。

if not moreの意味は？

まず本来の形はif not more {important to overall well-being than this}です。

次に意味ですが、②「～とは言わないが」で考えると、「より重要だとは言わないが（同じくらい重要だ）」となります。

③「もしかすると～」で考えると、「(同じくらい) いやもしかするともっと重要だ」となります。
この2つの文脈判断ということになりますが、英文のイントロで示したように、今回の英文の後には「人との交流が健康に良い」という内容が続くので、これは③で考えてください。
※“if not 比較級”の形になっているのも大きなヒントになります。

just asの部分で「確実なこと（同じくらい大事であることは間違いない）」を伝え、**if not moreで「いや、もしかしたら今後の研究次第ではもっとこっちのほうが大事になってくるかも」**と示唆する表現なのです。

和訳例

もちろん、こういった行動はどれも重要なのだが、これらはすべて身体の健康に重点を置いたものだ。ところが、あらゆる面における健康には、社会的な健康（心の健康）が、身体的な健康（体の健康）と同じくらい、もしかしたらそれ以上に重要だということが、ますます多くの研究によって示されている。

語句 behavior「行動」、focus on ～「～に重点を置く」、physical「身体の」、a growing body of ～「ますます多くの～」、overall「全体の」、well-being「健康・幸福」

チェックポイント

☑ 直説法のsuggestは伝達系統の意味	◎	△	×
☑ just asとmoreの比較対象の省略	◎	△	×
☑ if not ～は「もしかすると」の意味	◎	△	×

Chapter

10

訳文の研磨

いよいよ最終 Chapter ですが、ここでは「なんとなくできてしまう」ものを、自信を持って、さらに綺麗な和訳をつくるスキルを磨き上げていきます。難しいことはないので、一気に仕上げていきましょう。

THEME 51

文頭のNo／関係代名詞what(1)

設問 次の英文の下線部を訳しましょう。

スパイ小説の話で、普通のオフィスビルが秘密組織の本部だったりするという具体例の後で。

Nothing is what it seems and everything is potentially dangerous.

（立教大学／文）

解説

テーマ 文頭のNoの訳し方／whatの訳出（その1）

not 〜 any …＝noと考えるのは有名ですが、文頭にNoがある文が出てきたときはこれを逆に利用して、**not 〜 any …「どんな…も〜でない」に分解して訳す**と自然になります。

＊＊＊

関係代名詞whatを使った有名な慣用表現what I am「今の私」と同じ型をとるものをチェックしておきましょう。どれも「時制」で意味が決まります。

what I am「今現在の私」　※直訳「今現在、私があるところのもの」
what I was／what I used to be「過去の私」
what one should be「人のあるべき姿」　※oneは「一般の人」
what she looks like「彼女の外見」
※直訳「彼女が見えるところのもの（how she looks）」

また、かなり意訳ができることも多く、有名なところで、I am not what I was.「今の私は昔の私ではない」→「昔の私ではない」→「私は変わったのです」や、His parents have made him what he is.「両親は彼を今の彼にした」→「両親のおかげで今の彼があるのです」があります。

解析

Nothing is <what it seems> [and] everything is potentially dangerous.
S V C S V C

指針

文頭のNothingをどう訳す？

文頭のNoをnot 〜 any … に分解するのと同じ発想で、**Nothingもnot 〜 anythingに分解**して「どんなものであれ〜でない」とすれば自然になります。

what it seemsをどう訳す？

全体は「どんなものであれwhat it seemsではない」となりますが、この

what it seemsは、**what it is→what it seems to be→what it seemsとイメージして「それの見た目」と考えればいい**でしょう。
Nothing is what it seemsはSVCなので、S＝Cを意識して、「どんなものであれwhat it seemsとイコールではない」→「どんなことでも、見た目とは違う」となります。
ちなみに、Things are not always what they seem.「物事はいつも見かけ通りとは限らない」という決まり文句もあるので、この機会に知っておいてください（自由英作文で使えると文章が引き締まりますよ）。

和訳例

どんなことでも、見かけのままということはない。そしてすべてのものが、もしかしたら危険な存在なのかもしれない［危険な存在である可能性を秘めている］。

語句 potentially「もしかしたら」

チェックポイント

☑ 文頭のNothingはnot ～ anything分解して訳す　◎ △ ×
☑ what I amのバリエーションに注意　◎ △ ×

THEME 52 関係代名詞 what (2)

設問 次の英文を訳しましょう。

人工知能が急激に進化しているという話。

Technological companies from Silicon Valley to Beijing are betting everything on it, venture capitalists are pouring billions into research and development, and start-ups are being created on what seems like a daily basis.

(早稲田大学／社会科学)

ナビ it は「人工知能」を指す

ナビ Technological companies「テクノロジー企業」、venture capitalist「ベンチャーキャピタリスト」、start-up「スタートアップ企業」

解説

テーマ　whatの訳出（その2）

関係代名詞whatは「もの・こと」と訳すように習いますが、あくまでそれは便宜的なものであって（多くのケースではそれで困らないのは事実ですが）、**「whatは意訳したほうがいいこともよくある」という事実**を知っておくことは難関大の受験生には有益です。
まず今回は文脈によってwhatの意味を「その場で考える」パターンを扱っていきます。たとえば、arrive at what is now Hiradoなら、「今、平戸であるものに着く」では意味不明ですね。what＝Hiradoで、「今の平戸（である場所）に着いた」とすればOKです。結果的にwhatは「平戸」とか「場所」と訳すことになるわけです。

※「今現在の〇〇（に当たるもの）」のような言い方でよく使われますし、自分で英文を書くときにも“what is now 〇〇”は便利です。

解析

<Technological companies [from Silicon Valley to Beijing]> are betting (S: Technological companies … Beijing / V: are betting)
everything (on it), (O: everything)
<venture capitalists> are pouring billions (into research [and] development), (S: venture capitalists / V: are pouring / O: billions)
[and]
<start-ups> are being created (on what seems like a daily basis). (S: start-ups / V: are being created)

指針

andは何を結ぶ？

先頭のTechnological companies from Silicon Valley to Beijing are betting everything on itで1つの文が完成しています。その後にまたSV（venture capitalists are pouring ～）が続くことに違和感を持たないといけません（普通な

ら接続詞など文をつなぐものがあるはず)。そのまま読んでいくとandが見つかり、その直後はSV (start-ups are being created ～) が続いています。以上から考えることは、**3つのSVがandで結ばれている**ということです (SV, SV, and SV)。

on what seems like a daily basisをどう訳す？

whatを意識しなくても、what seems like a daily basisを直訳して「毎日の土台のように思えるもの」から、なんとなく意味が予想できてしまうのですが、難関大を目指す人がその姿勢では心もとないですよね。ここで精密に理解できるようにしておきましょう。

まず構造ですが、前置詞onの目的語が名詞節 (what seems like a daily basis) になっています。what seems like a daily basis節内では、whatはsになっています。seems like ～「～のように思える」は「大体イコール」を表すので (what is ～ のisがseems likeになったイメージ)、what ≒ a daily basisと考えることができます。

つまり**whatはbasisなので、basisの訳をwhatに当てはめればいい**のです。what seems like a daily basis「毎日の土台のように思えるもの」→「毎日の土台のように思える土台」となります。後は「土台」が重複するので、もっと自然に「毎日のように思える土台」→「まるで毎日のように」とします。これがわかればなぜ前置詞がonなのかにも納得できます。

※on a regular basis「定期的に」は153ページ

和訳例

シリコンバレーから北京までのテクノロジー企業はすべてをそれ [人工知能] に賭け、ベンチャーキャピタリスト [ベンチャー企業に投資をする人] は何十億 (ドル) も研究開発に注ぎ込み、スタートアップ企業 [ベンチャー企業] はまるで毎日のように設立されている。

語句 bet A on B「AをBに賭ける」、pour A into B「AをBに注ぎ込む」

チェックポイント

- ☑ 全体は、SV, SV, and SVの形　◎ △ ✕
- ☑ what seems like ～ は前後から適切な訳を考える　◎ △ ✕

THEME 53

followやSV, with OCの訳し方

設問 次の英文の下線部を訳しましょう。

Per-capita GDP, or per-capita gross domestic product, is the total value of goods and services produced in a country in one year divided by that country's population. Luxembourg currently has the highest per-capita GDP in the world, followed by Ireland, with Norway and Switzerland in a virtual tie in third place.

（オリジナル）

解説

テーマ 受動態の意外な訳し方

follow「(先行するものを) 追いかける」は受動態でよく使われますが、それを「追いかけられる」と直訳しては不自然だったり、何を言っているかわからないことが多々あります。そもそもfollowは"後 follow 先."の形が基本です。ですからこれを受動態にすると、"先 is followed by 後."の形になるわけです。つまり、**be followed byを1つの「矢印 (→)」と考えればいいのです。**

※もちろん「S follow Oの形が使われない」わけではありません (Oを強調したいときに使われる)。

さらに、**これが分詞構文になると、SV, followed by 〜 . の形**になります。

述語動詞：S is followed by 〜.「Sの後に〜がくる」
分詞構文：SV, followed by 〜.「SVだ。その後に〜がくる」 ※beingは省略
→

この形は「順位」を表すのに便利で、入試の長文・英字新聞・ニュースでよく使われます。特にリスニング試験やニュースでは、矢印の発想を使えば一瞬で理解できます。

解析

<Per-capita GDP, or per-capita gross domestic product>, is
S 同格 V

<the total value of goods and services [produced in a country in one
C

year] [divided by that country's population]>.

Luxembourg currently has <the highest per-capita GDP> (in the world),
S V O

(followed by Ireland),

(with <Norway and Switzerland> in a virtual tie in third place).

指針

～, followed byを見たら？

SV, followed by ～.「SVだ。その後に～がくる」の形を意識します。左から「ルクセンブルクが1位、続いてアイルランドが2位」と考えればOKです。

～, with Norway and Switzerland in a virtual tie in third placeの形は？

付帯状況のwithで、with OC「OがCの状態で」の形になっています。今回のように、SV, with OCの形は前から訳して「SVだ。そしてOがCだ」とすると自然になります。「そしてノルウェーとスイスが実質3位タイ」となります。

和訳例

1人当たりのGDP、つまり1人当たりの国内総生産は、ある1つの国内で1年につくられた商品とサービスの合計の価値を、その国の人口で割ったものである。ルクセンブルクは現在、1人当たりのGDPが世界で一番高く、次いでアイルランド、そしてノルウェーとスイスがほぼ同じくらいで3位につけている。

語句 per-capita「1人当たりの」、gross domestic product「国内総生産(GDP)」、divide「割る」、virtual「実質的な・ほぼ」、tie「同じ」

チェックポイント

- ☑ SV, followed by ～. の形 ◎ △ ×
- ☑ SV, with OCの形 ◎ △ ×

THEME 54 SV, with the result that～

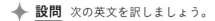

設問 次の英文を訳しましょう。

If she is a lawyer, for example, she may work only in English in her office or in court, but speak French at home, with the result that her legal English is far better than her legal French, and her domestic French is far better than her domestic English.

（東京工業大学／後期）

✦ 解説

テーマ　SV, with the result that ～「SVだ。そしてその結果、～だ」

前項で、SV, with OC「SVだ。そしてOがCだ」という重要表現を紹介したついでに、それと似た、SV, with the result that ～ もチェックしておきましょう。thatは「同格のthat」でresultを説明しています。直訳は「～という結果を伴っているSVだ」ですが、これも前から訳して「SVだ。そしてその結果、～だ（そして結果的に～だ）」などとすればOKです。

※簡単なのですが、「前から訳していい」ということを知らないと、本番で自信を持って和訳を書けないかもしれないのでここで取り上げました。

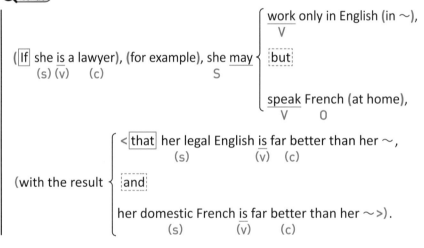

解析

(If she is a lawyer), (for example), she may {work only in English (in ～), but speak French (at home),

- If she (s) is (v) a lawyer (c)
- she (S) may {work (V) only in English (in ～), / but / speak (V) French (O) (at home)}

(with the result {<that her legal English is far better than her ～, and her domestic French is far better than her ～>).

- that her legal English (s) is (v) far better (c) than her ～,
- and
- her domestic French (s) is (v) far better (c) than her ～

指針

“～, with the result that ～”の形

文頭Ifから、If sv, SVの形で、主節はshe may ～ ですね。
その後に、“～, with the result that ～”の形になっているので、**主節を訳してから「そしてその結果」と続けましょう。**

和訳での細かい注意点

with the result that ～ の中で、2つ注意点があります。まずdomesticは「国内の」と「家庭の」の意味がありますが、ここではbut speak French at homeがofficeやcourtと対比されていることから「家庭内の」と訳します。もう1つは最後のand her domestic French is ～ のところですが、これもthe result that ～ のthat節の中に入る内容です。本来ならand {that} her domestic French is far better than her domestic Englishとしてほしいところですが、今回の英文ではそうなっていません。内容からthat節内の内容だとわかることと、(これがthat節でないとすると) withの後にSV (her domestic French is ～) がくることになってしまうので、もはや常識判断でわかるからです。

和訳例

たとえばもし彼女が弁護士であれば、職場や法廷では英語だけで仕事をして、家ではフランス語を話すかもしれない。そしてその結果、彼女の法律に関する英語は、法律に関するフランス語よりはるかに優れ、彼女の家庭内でのフランス語は家庭内での英語よりもはるかに優れていることになる。

語句 lawyer「弁護士」、court「裁判所・法廷」、legal「法律の」、far「(比較級を強調して) はるかに」、domestic「家庭の」

チェックポイント

☑ “SV, with the result that ～”の形　◎ △ ×

THEME 55

前に移動するonly

設問 次の英文を訳しましょう。

Finally, compulsory voting can prevent extreme political parties from gaining power, since they can only do this when ordinary citizens are too lazy or fearful to vote.

（慶応大学／経済）

解説

テーマ 前に移動するonly

強制倒置（文頭に否定語がきたら倒置が起きる）での注意すべき否定語としてonlyを扱いました（THEME36）。そこで「文頭にきたOnly」をしっかり対策しましたが、そもそもonlyの「否定語のニュアンス」を出すときは（否定語はなるべく前に置きたいという心理同様に）**前に移動することがある**のです。notは一般動詞の前にきますが（例：do not play）、その性質と同じように、only Vの形になることがあります。もちろんこの場合のonlyはVを修飾することもありますが、もしそれで意味が不自然になるときは、**「否定語だからVの前にきただけで、本当は後ろの語句を修飾するのでは？」**と考えてみてください。

解析

Finally, compulsory voting (S) can prevent (V) extreme political parties (O) (from gaining power),

(since they (s) can only do (v) this (o) (when ordinary citizens (s') are (v') too lazy or fearful (c') to vote)).

指針

prevent 人 from -ing「人が～するのを妨げる」

S prevent 人 from -ingは「Sによって人は～しない（できない）」と訳すと自然になります。大枠は「compulsory votingによって、extreme political partiesがgaining powerできない」となります。

全体は、SV since svです。今回はsinceの前にコンマがあるので、いったんそこで区切って「SVだ。というのもsvだからだ」とするといいでしょう。

onlyはどれを修飾する？

they can only do thisは見た目上ではonlyがdoを修飾しているので「彼らはこれだけをする」となりますが、これでは不自然ですね。そこで「onlyが前に移動しているだけ」と考えて、後ろの語句を修飾していると判断します。**only when[if] ～「～のときだけ」**という形を見たことがある人も多いでしょうが、ここでそれで訳すと意味が通じます。

後ろにかかる場合は、副詞句・副詞節を修飾すると考えてみてください（句や節の中からonlyが飛び出ることはありません）。「～のときだけ…する」→「～して初めて…する」とすればより自然になります。

when節の中では、too lazy or fearful to voteがtoo ～ to ... 構文になっています。

和訳例

最後に、義務投票制によって、過激な政党が政権を握れないことが起こりうる。というのも、そういった政党は、一般市民があまりに怠惰だったり、あるいは恐怖を抱いていたりして投票できない場合にしか政権をとれないからだ。

語句 compulsory「義務の」、voting「投票」、extreme「過激な・極端な」、political party「政党」、gain power「政権を握る」、ordinary「一般の」、citizen「市民」、lazy「怠惰な」、fearful「恐れて」、vote「投票する」

チェックポイント

- ☑ S prevent 人 from -ingは「Sによって人は～しない（できない）」と訳す ◎ △ ×
- ☑ only when ～ のonlyが前に移動した形 ◎ △ ×

Column この本の「後にやるもの」は？

お疲れ様でした。参考書や問題集を1冊終えるというのは、何とも言えない達成感と高揚感に溢れるもので、実に心地良いその気持ちに浸ってください。この本の後の流れは以下を参考にしてみてください。

★復習を完璧に

まずはしっかりと復習をしてください。音読がまだやり切れてないところを中心に、英文を頭と体に染み込ませてください。

★次にすることは？

各自のニーズや受験までの時間に応じて以下のことを参考に次のステップへ進んでください。

(1)本書をやっていて「英文法」の抜けが気になった

もう1度しっかりと基礎から発展までを確認するなら『真・英文法大全』／問題形式で確認する場合、単元別なら『英文法ポラリス３』、実戦形式なら『英文法ファイナル演習ポラリス３』

(2)「長文」に入りたい ※この流れが定番

『英語長文ポラリス２』と『英語長文ポラリス３』などをやって、その後は過去問演習へ

長文演習や過去問演習に入ると、時間に追われて途端に雑に読みだしてしまう受験生が多いのですが、本書で学んだ心構えを忘れずに、丁寧に読み進めていってください。しばらくは、入試問題の量に圧倒されると思いますが、本書で学んだ英文の読み方が徐々に効果を発揮してくるはずです。スピードは練習量で解決しますが、正確さは意識的に訓練をしないと身につきません。本番ではないのですから、しばらくは時間を気にせず、正確に読むことを意識しながら勉強を続けていってください。本書を使ってくれたみなさんの合格を祈っています。 関 正生

memo

memo

memo

memo

旅人の道を照らし出すポラリス（北極星）のように
受験生たちに進むべき道を示す問題集シリーズ

ポラリス ✦ POLARIS

英語長文

0 基礎レベル
1 標準レベル
2 応用レベル
3 発展レベル

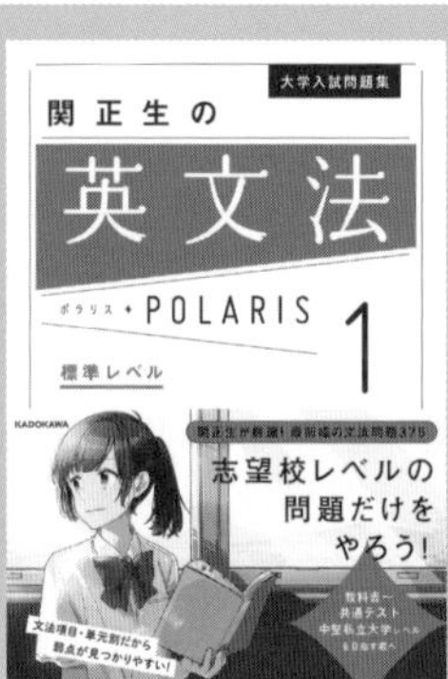

英文法

0 基礎レベル
1 標準レベル
2 応用レベル
3 発展レベル

英文法 ファイナル演習

1 標準レベル
2 応用レベル
3 発展レベル

大学入試の最前線を進む！

英作文

1 和文英訳編

2 自由英作文編

英語 頻出問題

1 標準レベル

2 応用レベル

英文解釈

1 標準～応用レベル

2 発展レベル

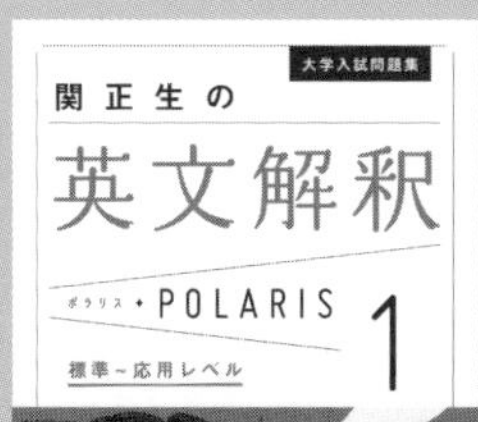

大学入試の最前線を進む！

有機化学

1 標準レベル

2 発展レベル

〔著者紹介〕
関　正生（せき　まさお）
オンライン予備校『スタディサプリ』講師。
1975年東京生まれ。埼玉県立浦和高校、慶應義塾大学文学部（英米文学専攻）卒業。TOEIC®L&Rテスト990点満点取得。
今までに出講した予備校では、250人教室満席、朝６時からの整理券配布、立ち見講座、定員200名の講座を１日に６回行い、すべて満席。出講した予備校すべての校舎で最多受講者数・最多締め切り講座数・受講アンケート全講座１位獲得。スタディサプリのCMでは全国放送で「授業」を行う（2017年から2022年まで６年連続）。YouTubeの授業サンプルの再生回数は累計3000万回突破。TSUTAYAの学習DVDランキングでトップ10を独占。
著書は『真・英文法大全』『カラー改訂版　世界一わかりやすい英文法の授業』（以上、KADOKAWA）、『丸暗記不要の英文法』（研究社）、『サバイバル英会話』（NHK出版）、『関正生のTOEIC®L&Rテスト文法問題　神速100問』（ジャパンタイムズ出版）など累計300万部（韓国・台湾などでの海外翻訳12冊）。NHKラジオ講座『小学生の基礎英語』（NHK出版）、英語雑誌『CNN ENGLISH EXPRESS』（朝日出版社）、週刊英和新聞『Asahi Weekly』（朝日新聞社）などでの連載。ビジネス雑誌での取材、大学・企業での講演多数。オンライン英会話スクール『hanaso』（株式会社アンフープ）での教材監修など、英語を勉強する全世代に影響を与える英語講師。

大学入試問題集　関正生の英文解釈ポラリス
［2　発展レベル］

2023年10月20日　初版発行

著者／関 正生

発行者／山下 直久

発行／株式会社KADOKAWA
〒102-8177　東京都千代田区富士見2-13-3
電話 0570-002-301（ナビダイヤル）

印刷所／大日本印刷株式会社

製本所／大日本印刷株式会社

●お問い合わせ
https://www.kadokawa.co.jp/（「お問い合わせ」へお進みください）
※内容によっては、お答えできない場合があります。
※サポートは日本国内のみとさせていただきます。
※Japanese text only

定価はカバーに表示してあります。

ISBN 978-4-04-606240-6　C7082

大学入試問題集

関正生の英文解釈

ポラリス ✦ POLARIS

2

発展レベル

【別冊】問題編

関正生 著

別冊は、本体にこの表紙を残したまま、ていねいに抜き取ってください。
なお、別冊の抜き取りの際の損傷についてのお取り替えはご遠慮願います。

関正生の

英文解釈

ポラリス ✦ POLARIS 2

発展レベル

【別冊】問題編

関正生 著

設問 次の英文を訳しましょう。

解説 本冊 p.20

ふさぎ込んでうまく気持ちを表現できない少年Rickyが、積み木をひたすら積み上げてタワーを建てた後、ビデオゲームの大会で勝利する。そういった様子を観察していた学者のコメント。

It is not building with blocks but the world of video games that ultimately provides Ricky with the means by which to express and to discover himself. （成蹊大学／文）

設問 次の英文の下線部を訳しましょう。

解説 本冊 p.24

動物の保護・権利についての話。

I emphasize: <u>It is not the wearing of furs that is our chief concern here, or hunting for sport, or even the eating of meat. It is the use of animals in medical research, above all other uses, that compels us to think carefully about the moral status of animals.</u>

（東京大学／後期）

設問 次の英文の下線部を訳しましょう。 解説 本冊 p.29

「３人の囚人の誰に仮釈放を出すか」を検討する話。

There was a pattern to the judge's decisions, but it wasn't related to the men's ethnic backgrounds, crimes or sentences. <u>It was all about timing</u>.

（慶応大学／総合政策）

設問 次の英文の下線部を訳しましょう。 解説 本冊 p.32

Many foreigners who move to Japan know they enjoy living in the country but <u>find it difficult to say exactly what it is about living there that they like so much</u>.

（オリジナル）

設問 次の英文を華麗に訳しましょう。 解説 本冊 p.36

Gravitation is not responsible for people falling in love.

（Albert Einsteinの言葉より）

設問 次の英文を訳しましょう。 解説 本冊 p.40

Researchers credit the heroin-assisted treatment program in Switzerland, the first national scheme of its kind, with reductions in drug-related crimes and improvements in the social functioning of addicts. (慶応大学／法)

設問 次の英文を訳しましょう。 解説 本冊 p.44

The recent rise in global temperatures is attributable to an increase in carbon levels in the atmosphere. (オリジナル)

設問 次の英文の下線部を訳しましょう。

解説 本冊 p.47

self-esteemは（訳さずに）そのまま使ってください。

The word *esteem* comes from the Latin *aestimare*, which means "to estimate or evaluate." <u>Self-esteem thus refers to our positive and negative evaluations of ourselves.</u> （関西学院大学／社会・法）

設問 次の英文を訳しましょう。

解説 本冊 p.51

Cultures without numbers, or with only one or two precise numbers, include the Munduruku and Pirahã in Amazonia.

※the Munduruku and Pirahã in Amazonia「アマゾン川流域地帯のムンドゥルク族やピダハン族」

Caleb Everett, "'Anumeric' People: What Happens When a Language Has No Words for Numbers?," The Conversation, April 26, 2017, 一部改変

（横浜市立大学／前期／地域医療枠〈神奈川県指定診療科枠含む〉・国際教養・医）

設問　次の英文を訳しましょう。

解説 本冊 p.56

She is a professional dog walker, so she walks dozens of dogs every day.　（オリジナル）

設問　次の英文の下線部を訳しましょう。

解説 本冊 p.59

The seventeenth century was also characterized by a new optimism about the potential for human advancement through technological improvement and an understanding of the natural world. Hopes were expressed that the understanding and control of nature would improve techniques in industry and agriculture.　（東京大学／前期）

設問 次の英文を訳しましょう。 解説 本冊 p.63

The high school's decision to allow students to start an esports video game club sparked controversy among parents. （オリジナル）

設問 次の英文を訳しましょう。 解説 本冊 p.68

Whether the resources sought in space are materials or energy, technology for obtaining them still needs to be developed. While the technology needed to travel to near earth asteroids is now available — in fact, the amount of rocket power and fuel needed to visit some of these bodies is less than it takes to go to the moon — the technology necessary to mine them and either process or bring back the asteroids' resources has not been developed.

（東京大学／前期）

設問 次の英文の下線部を訳しましょう。 解説 本冊 p.73

I love my laptop and my iPhone and my Echo and my GPS, but the piece of technology I would be most reluctant to give up, the one that changed my life from the first day I used it, and that I'm still reliant on every waking hour — am reliant on right now, as I sit typing — dates from the thirteenth century: my glasses.

| John Lanchester "How Civilization Started", *The New Yorker*, September 18, 2017

（大阪大学／前期）

設問 次の英文の下線部を訳しましょう。 解説 本冊 p.77

The United States has promoted human rights internationally for decades. But today, at a moment when support for authoritarian leaders who claim to speak for those left behind by globalization is spiking abroad and at home, the U.S. government must rethink those policies.

| Adapted from *Foreign Policy*

（早稲田大学／社会科学）

- -

- -

- -

- -

- -

設問 次の英文の下線部を訳しましょう。 解説 本冊 p.80

Finally, if a particular species is found in a community, it obviously has some role in the community. Should that species be eliminated, whatever the role of that species had been, it is no longer precisely filled, although various competitors can and do take over parts of the role.

（お茶の水女子大学／前期）

- -

- -

- -

- -

- -

設問　次の英文を訳しましょう。

解説　本冊 p.86

The research we do have on delayed gratification tells us that differences in self-control skills are deeply rooted but can be changed. Differences in the ability to focus attention and exercise control emerge very early, perhaps as soon as nine months.

（早稲田大学／政治経済）

設問 次の英文を訳しましょう。

解説 本冊 p.90

「従来の成績のつけ方（Aなどをつける）をやめる」という話。

Ditching traditional letter grades reduces stress levels and competition among students, levels the playing field for less advantaged students, and encourages them to explore knowledge and take ownership of their own learning.

Harper, A. (2019, February 15). *Can ditching letter grades improve student learning and engagement?* K-12 Dive. https://www.k12dive.com/news/can-ditching-letter-grades-improve-student-learning-and-engagement/548292/
Will, M. (2019, February 5). *Exploring ways to say so long to traditional letter grades.* Education Week.https://www.edweek.org/teaching-learning/exploring-ways-to-say-so-long-to-traditional-letter-grades/2019/02

（国際教養大学／A日程／国際教養）

ナビ ditch「捨てる」

設問　次の英文を訳しましょう。

解説 本冊 p.94

車で遠出する際の会話で。

What if I drive for the first few hours, and then after we take a break, you can drive?　（オリジナル）

設問　次の英文を訳しましょう。

解説 本冊 p.97

Whether or not particular forms of "work" can be called "child labour" depends on the child's age, the type and hours of work performed, the conditions under which it is performed and the objectives pursued by individual countries.　（慶応大学／薬）

ナビ　ILO（International Labour Organization: 国際労働機関）が運営するプログラム　IPEC（International Programme on the Elimination of Child Labour: 児童労働撤廃国際計画）が発表している「児童労働」についての定義

設問 次の英文を訳しましょう。 解説 本冊 p.100

「義務投票制」の話で、Statesは「国家」で訳してください。

States might actually benefit from increased citizen participation; since all must vote, the level of interest in and appreciation of politics is often higher.

"Should People be Required to Vote?" by Fran Chizeforall (2014)

（慶応大学／経済）

設問 次の英文を訳しましょう。 解説 本冊 p.103

Learning to read begins the first time an infant is held and read a story.

（早稲田大学／国際教養）

設問 次の英文を訳しましょう。

解説 本冊 p.107

high school seniorsは「受験生」と訳してください。

The question whether to study what they are passionate about or something that will lead to a high-paying job is one that many college-bound high school seniors wrestle with. (オリジナル)

設問 次の英文を訳しましょう。

解説 本冊 p.112

記憶力を伸ばすことで、情報を結びつけたり関連づけたりできるようになるという話。

The more facts and memories you have properly stored in your brain, the more potential you have to make unique combinations and connections.

Adapted from Kevin Horsley, *Unlimited Memory: How to Use Advanced Learning Strategies to Learn Faster, Remember More and Be More Productive*, 2016

(お茶の水女子大学／前期)

設問 次の英文を訳しましょう。 解説 本冊 p.116

During interviews, managers watch and listen to see if applicants have the "qualities" they're looking for in a "good" employee. Similarly, tests are often used to determine the degree to which an applicant has "good employee traits." (上智大学／経済)

設問 次の英文を訳しましょう。 解説 本冊 p.120

Television has become an inescapable force in national politics simply by magnifying for the viewer things a live audience might pass by with less notice. Its impact on the political process and on the journalism that reports that process is enormous. (慶応大学／文)

設問 次の英文の下線部を訳しましょう。

解説 本冊 p.124

ライティングの研修会で、指導者（この英文の筆者）が文章の「強み」を参加者に考えさせる話。

After a few minutes, I repeat the 'strength' people have pointed out, and only then do I feel ready to ask, 'Is there anything in the story that you were confused by? <u>Any parts you felt should have been developed more or cut out</u>? Anything you might do differently if it were your story?' （九州大学／前期）

設問 次の英文を訳しましょう。

解説 本冊 p.128

sheは「（これから初めて飛行機に乗る）祖母」を指す／過去のことを回想している文章からの一文。

I could tell from the direction of the questions she asked my father that, left to herself, she would learn nothing about aeroplanes.

（東京大学／前期）

ナビ aeroplane = airplane「飛行機」

設問 次の英文を訳しましょう。 解説 本冊 p.132

More than three-quarters of all emerging infectious diseases originate when microbes jump from wildlife to humans.

W. Ian Lipkin, "The Real Threat of 'Contagion'," The New York Times 11 Sep. 2011.

（慶応大学／医）

設問 次の英文を訳しましょう。 解説 本冊 p.135

In May, a court in Austria ruled that Facebook must take down specific posts that were considered hateful toward the country's Green party leader. （慶応大学／総合政策）

ナビ Green party「緑の党」

設問 次の英文を訳しましょう。

解説 本冊 p.138

Animal experimentation does more harm than it does good. The suffering inflicted on animals by medical experiments is so great, say the liberationists, that no consequences those experiments may produce can justify it. （東京大学／後期）

設問 次の英文を訳しましょう。

解説 本冊 p.142

エジソンの「私は失敗などしていない。うまくいかない要因を1万通り発見するのに成功した」という話。

Most American children, however, are denied the freedom to think creatively, experiment, and be wrong in ten ways, let alone ten thousand. （早稲田大学／理工）

設問 次の英文を訳しましょう。 解説 本冊 p.146

Not all medical school students have what it takes to be a doctor.

（オリジナル）

設問 次の英文を訳しましょう。 解説 本冊 p.148

International demand for black rhinoceros horn has seen the animals killed relentlessly for decades in countries such as Namibia, Zimbabwe and South Africa.

Adapted from Helen Santoro, "Footsteps of Giants," *Scientific American*, January, 2021

（防衛大学校／前期（1次）／人文・社会科学・理工学）

設問 次の英文を訳しましょう。

解説 本冊 p.152

「学校嫌いの子ども」の話。

Getting the child back into the classroom on a regular basis breaks a vicious cycle and permits his will for independence to take over.

（早稲田大学／商）

設問 次の英文を訳しましょう。

解説 本冊 p.158

itは「社会的な単位としての国家の崩壊」を指すのですが、ここでは「それ」と訳して構いません。

Only if it were to be accompanied by ethnic violence or severe economic collapse would it be life-threatening.　（一橋大学／前期）

設問 次の英文を訳しましょう。 解説 本冊 p.161

Under no circumstances are you to tell anyone about our agreement. （オリジナル）

設問 次の英文を訳しましょう。 解説 本冊 p.164

Out of the tunnel shot the high-speed train. （オリジナル）

設問 次の英文を訳しましょう。 解説 本冊 p.167

While hundreds of millions of people the world over wear contact lenses, some people still prefer glasses. Among the advantages of glasses over contact lenses is that they are practically maintenance free. （オリジナル）

設問 次の英文の下線部を訳しましょう。

解説 本冊 p.170

But, as *The State of the World's Children 2019: Children, Food and Nutrition* reported, malnutrition means that globally one in three children is not growing well. <u>Less visible, but just as worrying, is the extent of the "hidden hunger" of a shortage in vitamins and other essential nutrients, which affects tens of millions of adolescents.</u>

> Adapted from Fleming, C.A.K. et al. (2020). *Food and Me. How adolescents experience nutrition across the world. A Companion Report to The State of the World's Children 2019*. Western Sydney University and United Nations Children's Fund (UNICEF).

（兵庫県立大学／前期）

設問 次の英文を訳しましょう。

解説 本冊 p.174

イギリスの植民地統治により、英語を教育言語として南アジアに持ち込んだときの話（Macaulay「マコーリー」は人名）。

However, Macaulay left open a window of opportunity for vernacular languages, which, in time, could be substitutes for the English language.

Adapted from Tania Hossain and Cornelius B. Pratt, "Native- vs. Nonnative-Medium Schools.")

（早稲田大学／文）

ナビ vernacular「現地特有の」

設問 次の英文を訳しましょう。

解説 本冊 p.178

The candies react with the cola, causing the formation of carbon dioxide bubbles, resulting in an "eruption." （オリジナル）

設問 次の英文を訳しましょう。 解説 本冊 p.182

As spectacular and colorful as the peacock is to look at, its tail has a more complex purpose. （獨協大学／外国語・経済・国際教養・法）

設問 次の英文の下線部を訳しましょう。 解説 本冊 p.186

Contact lenses as we know them today are completely different from the first contact lenses. In 1888 the German eye doctor Adolf Gaston Eugen Fick created the first practical contact lenses from blown glass. They were much larger and harder than their modern counterparts and could only be worn for a few hours at a time.

（オリジナル）

設問 次の英文を訳しましょう。

解説 本冊 p.190

回想の文章の一節で、過去のことを述べています。

On this occasion he could not call to her, as he normally would in anything.
（大阪大学／前期）

設問 次の英文を訳しましょう。

解説 本冊 p.193

学校教育を受ければ基本原理を教えてもらえるという話。

Society judges it so important that we be educated that we must go to school.
（福岡大学／人文・法・商・理）

設問 次の英文を訳しましょう。 解説 本冊 p.197

Historians or sociologists who have no training in or experience of scientific research sometimes suggest that scientific truth is no more valid than artistic truth, and that, to put it crudely, Albert Einstein's general theory of relativity might go out of fashion just as much of the painting done by Victorian artists later went out of fashion. （慶応大学／薬）

設問 次の英文を訳しましょう。

解説 本冊 p.202

The stock market is up over 30 percent in the last twelve months. That being said, there is no guarantee that stock prices will continue to rise.

（オリジナル）

設問 次の英文を訳しましょう。

解説 本冊 p.205

sedentary = requiring a sitting posture

Middle-aged and older people who live sedentary lives are up to two and a half times more likely to die early, researchers said.

（早稲田大学／商）

設問 次の英文の下線部を訳しましょう。

解説 本冊 p.208

these behaviorsは「（健康改善のために多くの人がする）運動・睡眠・水分補給など、よくある行動」を指します。また、今回の英文の後には「人との交流が健康に良い」という内容が続きます。

Each of these behaviors is important, of course, but they all focus on physical health — and a growing body of research suggests that social health is just as, if not more, important to overall well-being.

Time June 25, 2019

（早稲田大学／商）

設問 次の英文の下線部を訳しましょう。

解説 本冊 p.214

スパイ小説の話で、普通のオフィスビルが秘密組織の本部だったりするという具体例の後で。

Nothing is what it seems and everything is potentially dangerous.

（立教大学／文）

設問　次の英文を訳しましょう。

解説　本冊 p.217

人工知能が急激に進化しているという話。

Technological companies from Silicon Valley to Beijing are betting everything on it, venture capitalists are pouring billions into research and development, and start-ups are being created on what seems like a daily basis.

Adapted from *The New York Times*

（早稲田大学／社会科学）

ナビ　itは「人工知能」を指す

ナビ　Technological companies「テクノロジー企業」、venture capitalist「ベンチャーキャピタリスト」、start-up「スタートアップ企業」

設問 次の英文の下線部を訳しましょう。 解説 本冊 p.220

Per-capita GDP, or per-capita gross domestic product, is the total value of goods and services produced in a country in one year divided by that country's population. Luxembourg currently has the highest per-capita GDP in the world, followed by Ireland, with Norway and Switzerland in a virtual tie in third place. (オリジナル)

設問 次の英文を訳しましょう。 解説 本冊 p.223

If she is a lawyer, for example, she may work only in English in her office or in court, but speak French at home, with the result that her legal English is far better than her legal French, and her domestic French is far better than her domestic English.

(東京工業大学／後期)

設問 次の英文を訳しましょう。

解説 本冊 p.226

Finally, compulsory voting can prevent extreme political parties from gaining power, since they can only do this when ordinary citizens are too lazy or fearful to vote.

| "Should People be Required to Vote?" by Fran Chizeforall (2014)

(慶応大学／経済)